艺术家系列

Leonardo da Vinci
达·芬奇

〔意〕卡洛·佩德瑞提　萨拉·坦格里亚拉更巴　著
赵兰兰　王星冉　译

安徽美术出版社
全国百佳图书出版单位

目 录

第一章　莱奥纳多最为优美的绘画作品
　　莱奥纳多所认为的美　/　3
　　从美到实用，从实用到美　/　88

第二章　从素描到油画
　　手　/　96
　　施洗者圣约翰　/　110
　　怪诞讽刺画　/　114
　　圣安妮　/　120
　　最后的晚餐　/　129
　　勒达与天鹅　/　135
　　宴会及礼服　/　141
　　伊莎贝拉·迪·埃斯特　/　150

　　三博士来朝　/　152
　　衣物褶皱　/　158
　　马和骑马雕像习作　/　165
　　安吉里之战　/　173
　　赫拉克勒斯人像及解剖学习作　/　184
　　风景　/　195
　　花卉与植物　/　201
　　两版圣母　/　209
　　蒙娜丽莎　/　216
　　大洪水　/　220

附　录　/　225

第一章

莱奥纳多最为优美的绘画作品

圣母子与圣安妮（约1510—1513）
局部
木板油画，168厘米×130厘米
巴黎，罗浮宫

莱奥纳多所认为的美

莱奥纳多对自然之美的理论猜想，主要表现在其油画和素描作品之中。其中的风景画能够呈现自然及城市的多种特点，这一概念十分宽泛。事实上，莱奥纳多第一幅为人所知的作品就是风景画。风景画不仅有装饰价值，而且大部分具有象征意义，使其能够超越前景位置中各种形象设置的传统角色。传统角色之后便是主体，通常主体不一定出现在前景处，可以是一个人的全身像，或者是在最常见的肖像画中出现的人像局部。随着场景的延伸，画面中还会出现其他形象，比如动物。动物出现在前景处往往作为象征符号和主体融为一体，有时候动物会出现在较远的地方，具有调节画面气氛的作用。

不过，同样是在前景处，通常在接近主体的地方，也会出现其他生物。比如在现藏于罗马的波格赛美术馆的达·芬奇作品《勒达》中，画家胸有成竹地将蜗牛及鸟儿放置在绿草与鲜花之间，或是岩石上。有些人习惯于忽视这些细节，这与北欧人对细节的极度关注形成了对比。他们强调细节衬托主体的象征作用，从而赋予细节以教导的功能。这些琐碎的细节不仅被米开朗琪罗不齿，甚至达·芬奇本人也在极力避免。在现藏于罗浮宫的《圣母子与圣安妮》这一画作中，达·芬奇抛却烦琐的细节，只描绘了一块斑驳的岩石。著名艺术史学家安德烈·沙泰尔将其解释为人类胚胎的象征。与沙泰尔的解释相反，这块石头是杂色半宝石的典型代表，如同当年意大利美第奇家族著名的古代花瓶藏品一样。达·芬奇于1502年应曼图亚侯爵夫人伊莎贝拉·迪·埃斯特的邀请，对这些藏品进行评估时，曾有幸一睹其外观。这次经历使得达·芬奇有机会表现他的喜好，也让人们看到了他的审美品位。正如侯爵夫人的代理人所述："紫晶宝石，莱奥纳多称其为水苍玉，这种宝石色彩丰富，质地透明……莱奥纳多非常喜欢这种新颖、奇特的宝石及其丰富多变的色彩。"

除了这类线索之外，莱奥纳多的美学思想和其衍生的魅力对他艺术作品的影响也清晰地呈现在他的理论作品中，尤其是他的《绘画论》中。这部作品由达·芬奇的学生兼助手弗朗西斯科·梅尔齐根据达·芬奇的指示及手稿进行编辑整理，其意图在于印刷出版。现在，这部作品已经有了精美的评述版，由卡洛·佩德瑞提进行

莱奥纳多·达·芬奇的《绘画论》（1530—1550）
弗朗西斯科·梅尔齐
局部及整体图
梵蒂冈,梵蒂冈教廷图书馆,乌尔比诺手抄本,lat.1270

摹本编辑，并由君提出版社于1995年出版。

不幸的是，这一工程当时未能完成，只留下了残本——一部绘画实践手册。15、16世纪时流传着这部残本的手抄本。1651年，巴黎一家出版社根据手抄本以珍本原版形式出版了精装本，名为《绘画论》，由画家普桑绘制插图。事实上，对当时首批研究达·芬奇美学观点的学者来说，这是唯一可用的资料。《绘画论》的手稿原本中唯一保存下来的一小部分——藏于梵蒂冈教廷图书馆内的《绘画论》乌尔比诺手抄本，lat.1270——直到19世纪末，学者们才能够接触到。在这之前，从18世纪至19世纪，欧洲发生了一场大规模的美学运动，这场运动开始于英格兰，以丹尼尔·韦布的《探索绘画的美》（1760年，伦敦）为代表。韦布的同时代人，瑞士的福斯里和意大利的弗朗西斯科·阿尔加罗蒂（牛顿色彩理论的大力推广者）于1791年在威尼斯出版并发行了韦布的这一重要作品，并由"一位威尼斯女士"，即玛利亚·奎利尼-斯坦帕里亚进行了翻译和整理。之后，1804年在帕尔马由波多尼出版了这部著作的两卷精装本，并有弗朗西斯科·皮泽蒂的精彩翻译和大量评论。令人惊讶的是，所有这些书籍都与当时主流的康德派哲学毫无关联。吉罗拉莫·韦南齐奥在其1830年于帕多瓦出版的作品 Della Callofilia libri tre 中对这一现象进行了系统总结。在所有这些作品中——除了维尔加1931年的作品《达·芬奇图书目录》，其中至少包含了威廉·荷加斯最为著名的作品《美的分析》（1753年，伦敦）——对达·芬奇的评价都是基于《绘画论》残本中

PARTE

si fa piu acuto e tanto diminuisce quanto esso si fa piu
obtuso cioè dalla giontura dinanzi, a, e, b, si parla

Delle membra che diminuiscano
quando si pieghano e crescono
quando si distendono

in fra le membra ch'anno gionture pieghabili solo il ginoc-
chio e quello che nel piegarsi diminuisce de sua grossez-
za et nel distendersi ingrossa

Delle membra ch'ingrossano
nelle loro gionture quando
si piegomo

Tutte le membra del'homo ingrossano nelli piegomenti
delle loro gionture eccetto la giontura della gamba,

Delle membra delli huomini nudi

Le membra delli huomini nudi le quali s'afaticano in di-
uerse actioni sole sieno quelle che scoprano i loro muscoli
da quel lato doue tali muscoli mouono il membro dell'ope-
ratione, e li altri membri sieno piu o meno pronuntiati
nelli loro muscoli secondo che piu o meno s'afaticano,

Delli moti potenti delle membra dell'huomo

Quel braccio sara di piu potente e piu lungho
moto, ilqual essendosi remosso dal suo
natural sito hara piu potente adventia
delli altri menbri a ritirarlo nel sito doue
lui dessideva mouersi, come l'huomo, a, che moue il
braccio col tratto, e, e portalo in contravio sito col mouersi
con tutta la persona in, b,

De mouimenti del huomo

la summ

的少量美学理论，因此其中完全没有对第一部分，也就是所谓的《比较论》的引用，这一部分后来于1817年连同梵蒂冈教廷图书馆的原本一同首次出版。

如今，通过油画及广义的绘画实践中的一些著名作品，我们可以看到人们对达·芬奇美学理论的相关资料有着全面且精准的解读。一些学者认为达·芬奇的美学理论中隐含着某种哲学概念化的理论，而著名的现代美学哲学史家贝奈戴托·克罗齐早在1906年的一次会议上就对这一说法进行了坚决驳斥。

除了与自然之美——《绘画论》第一部分的内容，达·芬奇两大艺术主题之一——相关的主题之外，达·芬奇的大部分作品都与人体形象有关。首先要说的就是圣母玛利亚的优美姿态。在达·芬奇的早期作品——1483年为米兰圣方济各教堂所作的《岩间圣母》中，圣母的正面全身像占据了画面中心，她张开的手掌位于圣婴耶稣上方，象征着对耶稣的保护。圣母的姿态不禁让人想到达·芬奇在《绘画论》第832章中对植物枝丫的描述，二者之间有着奇妙的相似性。这一章内容来自1510年左右的达·芬奇手稿，也是在那时，达·芬奇绘制了那幅油画的第二个版本："一些植物，如榆树，树冠越长越大，枝丫越来越细，像是一只缩小版的手掌。"

另外一个著名的例子是达·芬奇对比例进行了大量复杂的研究，因为这标志着古希腊、古罗马的学术和人文传统，并且被认为是人体之美的真正标准。达·芬奇的素描作品，著名的《维特鲁威人》便是其中的代表。

在《绘画论》及现藏于英国温莎城堡的达·芬奇关于人体比例的研究笔记中，都没有关于人体比例美学的明确理论构思。尽管如此，我们还是可以根据一些线索辨析出其轮廓，也就是"人体"的概念之美。这一概念历经岁月，且一直与习俗反向行之。比如说足部，早在从美学角度考量之前，足部实际上是从科学角度建立人体比例标准的。达·芬奇于1508年左右根据其解剖学观察对这一点做了研究，相关资料见现藏于温莎城堡的手稿，如《腿部肌肉习作》。他总结道："脚掌的负重是体重的四倍，并且要注意，小一点的脚从测量的角度来讲，更值得赞扬。因为腿部的美要归功于小脚，而非大脚。"

自这之后，达·芬奇的作品便不再出现雕塑家多纳泰罗作品中的圣人和先知，以及15世纪其他人物形象中那样的长足。事实上，这些人物还出现在了莱奥纳多早期的解剖学习作中，但是对于摔跤手和战士来说，小脚能够让他们动作敏捷，同时期的战士或解剖学习作中的大力神形象大多如此，比如《安吉里之战》，以及达·芬奇1505年之后的作品。

达·芬奇的美学思想总是能更好地在他的画作中表达，无论是油画还是素描。因此，一套复杂且微妙的哲学理论，比如审美哲学便及时地以视觉方式呈现在他的画作中，尤其是女性肖像画中，比如《吉内薇拉·班琪》《抱银貂的女子》《美丽的费隆妮叶夫人》及《蒙娜丽莎》。同时也呈现在他的男性肖像画中，比如《音乐家肖像》和《最后的晚餐》中的使徒像。"这些形象，"一位亲眼见证过这些作品的人写道，"都是来自当时宫廷或米兰城真实生活中的不同人物。"在著名的《最后的晚餐》中几位使徒形象的早期习作中，有两个形象特别引人注目，更容易让人联想到女性模特。

在早期习作、现已失传的《耶稣诞生》，以及之后的现藏于乌菲齐美术馆的《三博士来朝》中，达·芬奇已经开始用女性模特来表现牧羊人的优雅。这种选择出现在达·芬奇的大部分精美绘画作品中，且显得颇为随

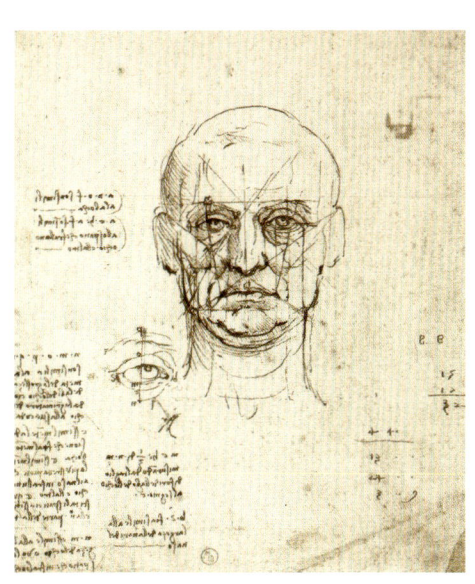

面部及眼部比例习作（约1489—1490）
羽毛笔，墨水，泛黄的白纸上有金属斑点，27.7厘米×19.7厘米
都灵，皇家图书馆，inv. 15574 e 15576

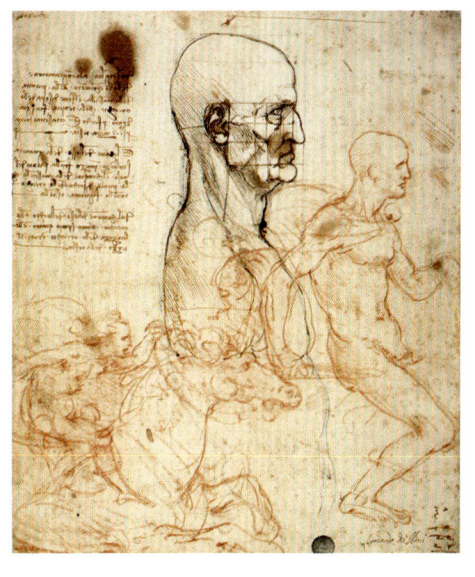

侧面半身人像（有轮廓比例）（约1490）；
下方：马及骑手习作（1503—1504）；
金属尖笔，铁笔，羽毛笔，不同颜色的墨水，白纸上有血红色及黑色，22.2厘米×20.8厘米
威尼斯，学院美术馆，inv. 236

第一章　莱奥纳多最为优美的绘画作品　7

意。但是，从他的审美评价标准中可以看出，这种选择也是合乎情理的。而且，就算对女性模特的选择是因为达·芬奇基于委托作品主题的时间顺序，或者与自然研究的某些方面有关，那也是合理的。在这里不得不提到伟大的艺术评论家伯纳德·贝伦森（1865—1959），他认为现藏于都灵皇家图书馆的《〈岩间圣母〉中的天使像习作》是"世界上最美的画"。里希特在1883年时提出，这幅素描是1483年创作《岩间圣母》时天使像的习作。这样一来我们也可以更加确定，达·芬奇选择女性模特是出于他的审美偏好。贝伦森作为艺术品鉴赏家生涯的最高评价——他的里程碑式著作、1903年初版的《佛罗伦萨画家作品全集》，1938年经修订、

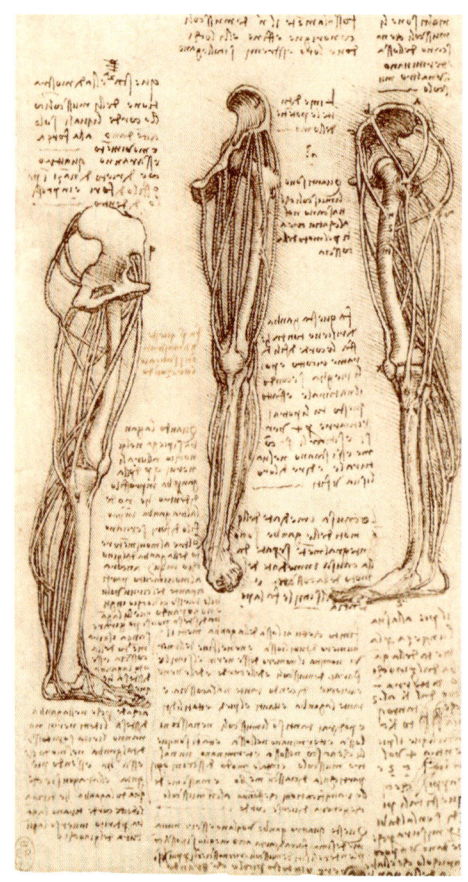

腿部肌肉习作（约1508）
羽毛笔，墨水，黑色粉笔，21.5厘米×11厘米
温莎城堡，皇家收藏品，RL 12619

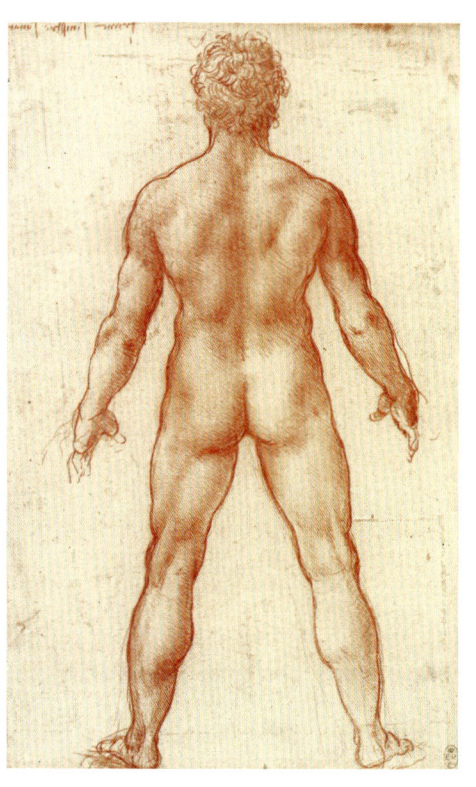

男性站立全裸像（背后视角）（约1505）
红色铅笔，27厘米×16厘米
温莎城堡，皇家收藏品，RL 12596

增补后再版,并于 1961 年出版了意大利语精装本——人们很难想到他会允许自己在这部美术巨著中如此夸张,尤其是晚些时候还出现了拉斐尔和米开朗琪罗这样杰出的艺术家,而这三位的艺术造诣都是无人能及的。事实上,在 1903 版的《佛罗伦萨画家作品全集》(1961 年意大利版,第一卷,252 页)中,贝伦森只提到,他认为《〈岩间圣母〉中的天使像习作》是"最成功的绘画艺术硕果之一"。不过他又说:"我不确定哪一点更让我喜悦:是作品中轮廓的优美,还是模特那坚毅的神情;是那神秘难解的概念之美,还是笔触中自内而外散发的从容。"这短短一段话中提到的所有相关内容,或是卡洛·佩 德瑞提曾在 1952 年的"纪念达·芬奇诞辰五百周年"活动中口头表述,或是一篇报纸文章说明此话是他所说。因此,我们无法确定贝伦森是否曾经口头或书面表达过这一看法。

后经查证,卡洛·佩德瑞提发现这句话来自都灵素描的一幅复制品的图片说明,其后在 1952 年 4 月 24 日《布雷西亚报》上还附有贝伦森的一篇文章,文章名为《无与伦比的设计师莱奥纳多》,其中写道:"评论家伯纳德·贝伦森称之为世界上最美的画。"然而,这句释义可能是个误解,因为贝伦森的支持者肯尼斯·克拉克在 1952 年做出总结性评价,说素描中的天使比油画中的天使"更可人,更轻盈,不那么世俗",而油画中的天使"总归是哥特式风格的理想化形象","我敢说,它是世界上最美的画,致力于表现雕塑艺术的最高成就"。

年轻男性站立全裸像(右臂弯曲,手置于髋部,左臂上举持一长矛)(约 1513)
羽毛笔,棕色墨水,黑色铅笔,10.8 厘米 × 5.4 厘米
伦敦,大英博物馆,inv. 1860-6-16-970

第一章　莱奥纳多最为优美的绘画作品

女士肖像 | **美丽的费隆妮叶夫人**（约1495）
木板油画，63厘米×45厘米
巴黎，罗浮宫

音乐家肖像（约1485）
木板油画，44.7厘米×32厘米
米兰，盎博罗削画廊

耶稣诞生及牧羊人的朝拜习作
（约 1478—1480）
黑色铅笔，金属尖笔，羽毛笔和墨水，
12.1 厘米 ×13.6 厘米
威尼斯，学院美术馆，inv. 256

朝拜作品人像及动物画像习作（约 1478—1480）
金属尖笔，羽毛笔，墨水，淡粉色背景纸，22.2 厘米 × 15.2 厘米
巴约纳，博纳博物馆，inv. AI 658（NI 1776）r

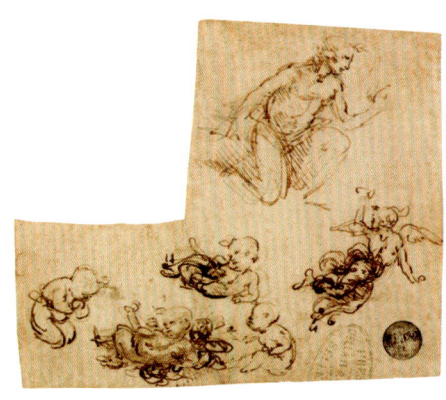

耶稣诞生及牧羊人的朝拜习作（约 1478—1480）
金属尖笔，羽毛笔，深棕色墨水，水彩，白纸，
9.8 厘米 ×7.4 厘米
威尼斯，学院美术馆，inv. 259

三博士来朝（1481—1482）
局部
木板油画，246 厘米 ×243 厘米
佛罗伦萨，乌菲齐美术馆

六名男性画像练习（约 1478—1480）
铅尖笔，羽毛笔，深棕色墨水，27.8 厘米 × 20.8 厘米
巴黎，罗浮宫，图像艺术馆，inv. 2258v

因此,《〈岩间圣母〉中的天使像习作》激发了艺术评论家对达·芬奇作品中一些让人印象深刻的内容的评论。但是,学者们对这幅作品主要人物的详尽分析并没有得出对达·芬奇创作意图的明确解释,却偏向多余的风格分析和解读。就像阿道夫·文杜里在他1920年出版的著作《莱奥纳多》中所分析的那样:"烟灰色的纸上,那影影绰绰、缥缈不定的雾霭,映衬着线条勾勒出的轻盈的半身轮廓、鬈曲的秀发,以及柔和、优雅的头部;面纱的阴影和一抹光亮形成对比,画面仿佛轻摇震颤,冲散了脖颈和肩膀上交错的线条,拂动秀发随风飘荡,如行云流水一般。接着,仿佛是最伟大的色彩大师挥动画笔,在轻抚她面颊的半暗雾色中,一缕轻柔的光微微闪耀,仿佛珍珠色明亮眼眸中闪烁的光,那亮光的反射倾泻至她的整个面庞,好像波光粼粼的湖面;飞扬的曲线勾勒出松散秀发的轮廓。你会看到虚无缥缈,看到画中少女的优雅微笑,看到她高贵迷人的娇柔脸庞,掩映在闪光的鬈曲秀发中,像水波一样粼粼摇曳。"文杜里在他的另一部作品(1941年出版的《莱奥纳多和他的学校》)中,用一种言简意赅和直接有效的方式表达了同样的思想:"头部的线条十分流畅,她的魅力来自眼中闪动的微光,来自她专注的珍珠色眼眸中显露的关怀,那目光在昏暗的环境中灼灼闪烁。"

很明显,艺术评论家能够反映时代的审美,也能表达评论家自己的品位,反过来也会影响自己,文杜里的评论也是如此。然而,令人惊讶的是,1919年文图里的儿子里奥奈罗·文杜里发表了一篇非常精彩的论文,题为《评论家与达·芬奇的艺术》,在这篇论文中里奥奈罗·文杜里明显持与父亲相反的观点,甚至完全没有提到都灵素描。相反,他重点强调了现藏于温莎城堡的早期习作,即钢笔速写,以及通过蘸水画刷的朦胧笔触表现光线的明暗的作品,比如现藏于温莎城堡的编号为n.12561的作品。如果把它看作两个世纪后提埃坡罗作品的前奏的话,这是一幅非常优美的作品。另外,最近在葡萄牙的波尔图雷伊斯国立美术馆发现的一幅稍大的迷人作品,也被认为是其中的一部分,这幅作品被人们称为《沐浴图》。另外可能还存在其他主题相同的作品,其中只有可能出自提埃坡罗之手的摹本为人所知,也就是藏于乌菲齐美术馆的三幅残片,现已重组为完整的一幅画。里奥奈罗·文杜里写道:"用粗笔勾勒出天使,然后用水彩柔化了粗笔厚重、坚硬的线条,给画面增添

《岩间圣母》中的天使像习作(约1483—1485)
局部
金属尖笔,少许铅白,淡赭色背景纸,18.1 厘米 ×15.9 厘米
都灵,皇家图书馆,inv. 15572r

了光影的效果，各部分之间的距离也仿佛更近了。"他总结道："画面霎时迸发出一种奇妙、不安的活力。16世纪意大利绘画艺术中再没有哪一幅作品能够表现这样美妙的光影碰撞，也难怪提埃坡罗重寻意大利，只为再现达·芬奇画笔中冲破现实而又生生不息的原始活力。"

这也解释并证明了选择达·芬奇最"美"绘画的判定标准是合理的，其标准在于作品中不同甚至形成鲜明对比的"品质"。所以，对于我们首选的"世界上最美的画"，如果能看清它的原本样子和本质会更好，那么其本质是什么呢？达·芬奇年近30岁时动身前往米兰，在这之前他在佛罗伦萨师从于雕塑家韦罗基奥，通过观察不同视角下人物的姿态，学习如何精准地描绘人物处于不同姿态时的样子，"世界上最美的画"便是这一时期学习的成果。

温莎城堡收藏的《同一女性头部半身像的十八种姿态》便是多个视角下的金属尖笔速写练习作品，其中还有华托式华丽女装的雏形，使画面多了一份活力。这幅作品可以和都灵素描联系起来，二者不仅风格和技巧相似，也都表现了对第三维度绘画表现形式的探索。这种技巧风格可以追溯到1478年至1480年。不过在达·芬奇后期的作品集，比如现藏于温莎城堡和威尼斯学院美术馆的圣母像习作中，也可以看出这种技巧和风格的特征，而这些是1500年左右的作品。从都灵素描开始，这种风格贯穿了达·芬奇在米兰的前期作品，都灵素描让他取得了所谓的"后方肖像"实验的成功，之后乔尔乔内和提香都采用了这种技法。从《抱银貂的女子》中的四分之三视角均衡图，到《背十字架的基督》中的画中人上半身扭转面部，面对观众的背部视角图中都能看出达·芬奇对三维空间内人像表现技法的探究。

因为这种技法来自对模特的描绘，而且很明显是女性肖像画，所以毫无疑问，都灵素描是指《〈岩间圣母〉中的天使像习作》。自1483年4月23日达·芬奇接受画作的预订之后，便于到达伦巴第初期开始了这项工作。

同一女性头部半身像的十八种姿态（约 1478—1480）
金属尖笔，粉色背景纸，23.2 厘米 ×19 厘米
温莎城堡，皇家收藏品，RL 12513

▲达·芬奇早期作品摹本
贝伦森称其作者为索格利亚尼
羽毛笔（第一幅中是深棕色和黑色墨水，其他两幅为黑色墨水）和水彩，象牙色背景纸，分别为9.7厘米×11.3厘米，10.7厘米×11.3厘米，8.2厘米×11.9厘米，三张残片属于同一页
佛罗伦萨，乌菲齐美术馆，素描与版画工作室，inv. 17051、17050 及 17052

圣母像（女性半身像习作）（约1501）
红色铅笔，铅尖笔，红色背景，22.1厘米×15.9厘米
温莎城堡，皇家收藏品，RL 12514

年轻女子为婴儿洗澡（约 1483）
羽毛笔，水彩，硬纸板上的白纸，18.4 厘米 ×11.1 厘米
波尔图，雷伊斯国立美术馆，inv. 99.1.1174

背十字架的基督(头部;一只手抓着他的头发)(约1495—1497)
金属尖笔,特制纸,11.6厘米×9.1厘米
威尼斯,学院美术馆,inv. 231

年轻女子半身像(约1490)
金属尖笔,蓝色背景纸,16.5厘米×12.4厘米,
温莎城堡,皇家收藏品,RL 12512
这幅作品开始由达·芬奇创作,后由他的一名学生完成

也有人认为这一技法与切奇利娅·加莱拉尼的肖像画,即《抱银貂的女子》的研究有关,依据是1489年西班牙服饰风尚被引入米兰,当然还有其他依据(例如,1488年,那不勒斯国王将银貂骑士会赠予卢多维科·斯福尔扎)。这样一来,作品的日期便可以追溯到更晚,而非15世纪80年代早期。这幅作品中的主角是一位年轻女子,其发式与同样著名的温莎城堡皇家收藏品《女性肖像(右侧)》类似,两者在图案及技巧风格方面十分接近,因此或能说明这一时间可能更接近1490年,就像温莎城堡藏品中的另一幅——也是女性化形象。这幅画开始由达·芬奇创作,但由他的一位学生最终完成,即藏品《年轻女子半身像》。另一方面,这幅优美肖像画中的图案模式也出现在了盎博罗削画廊的手稿 F 274 Inf. 14 号藏品中——在卡洛·佩德瑞提的作品《达·芬奇研究》中第一次作为达·芬奇的作品被出版,其中具有同样标志性的流畅线条轮廓,会让人想到同一位模特。另外,巴黎法兰西学会的1492年藏品《女孩肖像比例(有六边形轮廓环绕)》中也出现了同样的六边形肖像轮廓。

抱银貂的女子（1485）
局部
木板油画，53.4 厘米 ×39.3 厘米
克拉科夫，扎托里斯基博物馆

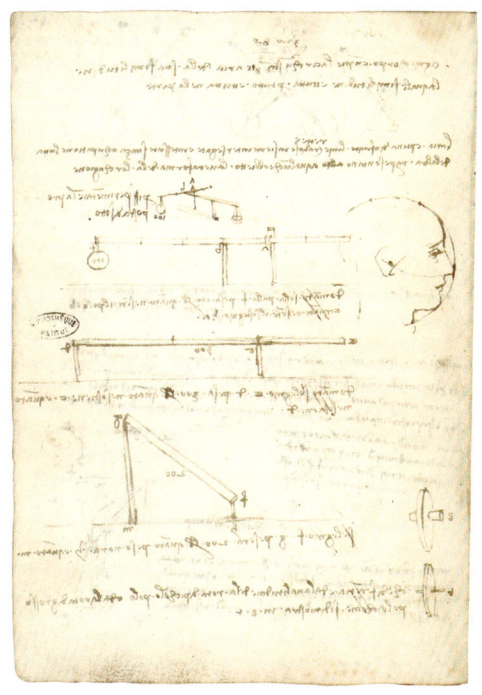

女孩肖像比例（有六边形轮廓环绕）（约 1492）
羽毛笔，墨水，22 厘米 ×15 厘米
巴黎，法兰西学会，手稿 A 中的 f.2v

女孩肖像（约 1490）
金属尖笔，羽毛笔，深棕色墨水，10.4 厘米 ×8 厘米
米兰，盎博罗削图书馆，手稿 F 274 Inf. 14

女性肖像（右侧）（约 1482）
金属尖笔，粉色纸，32 厘米 ×20 厘米
温莎城堡，皇家收藏品，RL 12505

哺乳圣母及其他习作（约1478—1480）
羽毛笔，墨水，白纸，40.5厘米×29厘米
温莎城堡，皇家收藏品，RL 12276

两幅《哺乳圣母》的习作——一幅藏于罗浮宫，另一幅藏于法兰克福施泰德艺术博物馆——可以归为相同的风格。因此，我们完全可以想到弗朗西斯科·斯福尔扎纪念像中马的特点。达·芬奇于1487年—1490年对其进行了重新创作，从后方视角转为大步奔跑的姿态，依次表达了他对空间中表现动物形态的观点。和用绘画的方式来表现生物相比，雕塑或建筑模型中不同视角下的生物形象要更加丰满，人们的评价也更高。

因此，都灵素描中的天使像吸取了达·芬奇初到伦巴第的所有绘画经验。"最终，这幅素描习作比油画版本的作品更具魅力。"1952年茱莉娅·布鲁内蒂在佛罗伦萨的艺术展目录中如是说，她还明确地表示，"无论如何这都是达·芬奇最为成功的创作之一，因为它在线条中表现的自信与复杂，从面部四周零星飞舞的发丝和各种模糊的标记开始，最终集中表现在面部那成熟、精致的明暗对比中，这样深刻的心理洞察让它成为达·芬奇最具说服力的肖像画。"这段分析十分成熟而深刻，让人们想到早已失传的古代先贤阿佩莱斯笔下迷人的维纳斯形象。

哺乳圣母（约 1483—1485）
油画布蛋彩画，42 厘米 ×33 厘米
圣彼得堡，艾尔米塔什博物馆

女性半身像，哺乳圣母习作（左下方为带有猥亵意味的男性半身像）（非达·芬奇所作）（约1490）
银尖笔，偏绿色背景纸，18厘米×16.8厘米
巴黎，罗浮宫，图像艺术馆，inv. 2376

除了阿道夫·文杜里的著作中单从风格或修饰方面进行了评价之外，其他对理解这幅画中形象最有帮助的评论家的观点都来自近代。而塞壬在1928年的评价是："头部的姿势稍显低垂，那双有点淘气的大眼睛突然在我们面前睁开，其眼神在达·芬奇笔下的人物中可谓非常独特，甚至有点扰乱了理性和情感交融的方式。"

最后，1956年乔尔乔内则如此评价这幅肖像画："都灵素描既没有沿袭传统的头部画法，也不是达·芬奇在佛罗伦萨的头十年中绘画常采用的姿态，这似乎是一种全新的方法，其中人物的姿态与人们见到或想象的佛罗伦萨女性相比具有完全不同的特征。"1976年，马可·罗西也谈到了肖像的特征，并阐述了自己的观点，他认为都灵素描中具有达·芬奇伦巴第时期肖像画中女性面部的类型特征："介于椭圆和倒三角形之间，眼球凸显，长鼻子，丰满、微笑的嘴唇，圆润、突出的下巴。"罗西最后总结道："无论是平行的影线，还是面颊上最深的阴影，都灵素描都十分精美，尤其是在晕涂法的所有运用层次方面。"

由朱利奥·艾奥迪出版的安翠娜·葛利瑟里的著作《意大利艺术史》（都灵，1980，第一卷，231-232页）中，卡洛·佩德瑞提在有关素描的章节中将我们所说的"世界上最美的画"和达·芬奇的艺术理论联系起来，尤其是达·芬奇关于动态面部表情的类型学研究。其中"谈到了显著的可变因素"。艺术家总是倾向于捕捉以"微笑"作为结束的心灵表现，表现了普遍意义上的联系。因此，卡洛·佩德瑞提得出了一段非常重要的评论，即"科学观察是理解美的一个元素，并涉及其内在美"。所以我们可以看到什么是达·芬奇超越"绝对的线，并作为战利品庆祝"的另一种方式，而且真正修正了《绘画论》中定义的"塑造天使般面庞比例之美的圆周线"。这段简洁而透彻的评论也适用于都灵素描中那幅人类画像，如果不会太牵强的话，即由两段内容明显不同但在本质上又相关联的文字组成。具体来说，就是"四肢的圆周线是为了创造出人类之美"和"天使般面庞的比例之美会更加让人印象深刻"。之后"圆周线"便塑造了"达·芬奇这个信奉经验的学生视角下的人体"，描绘了《大西洋古抄本》中的f. 191r-a [520r]，这部手稿的创作时间要追溯到1490年左右。

在对这幅画的解读有所启发的评论家中，据卡洛·佩德瑞提所知，没有哪位评论家指出这幅作品具有魅力，即几乎延伸至头顶的高高的前额，

圣母像（女性画像头部及肩部习作）（约 1500）
红色铅笔，偏红白纸，25.7 厘米 × 20.3 厘米
威尼斯，学院美术馆，inv. 141

圣母像 | 纺车边的圣母 | 圣母玛利亚与亚恩温德（1501）
局部
木板油画，后转为油画布，粘于木板，50.2 厘米 × 36.4 厘米
纽约，私人收藏

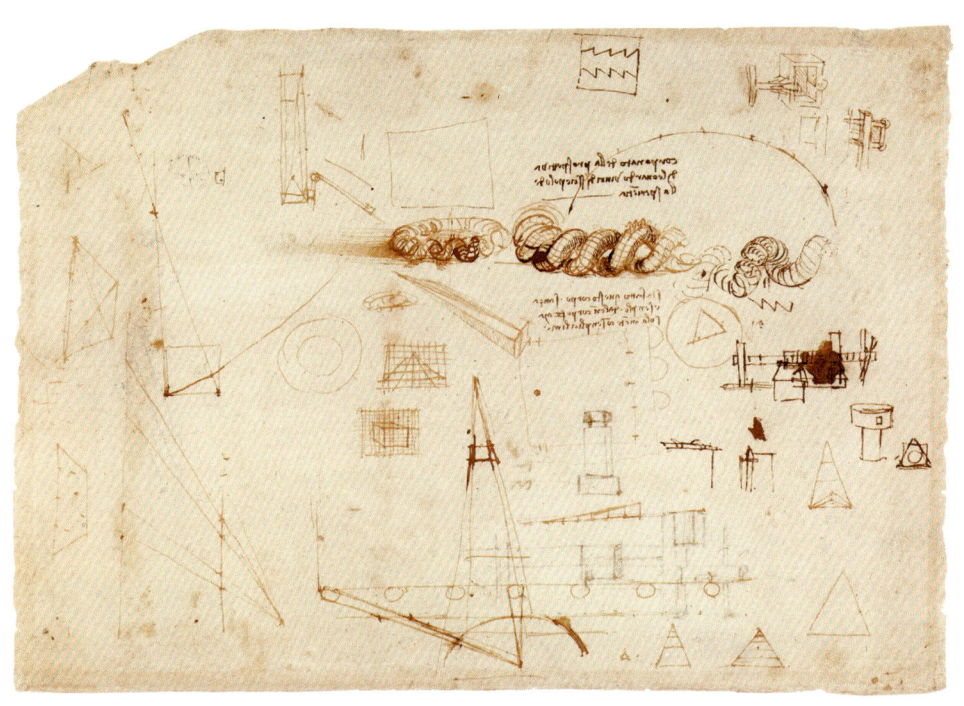

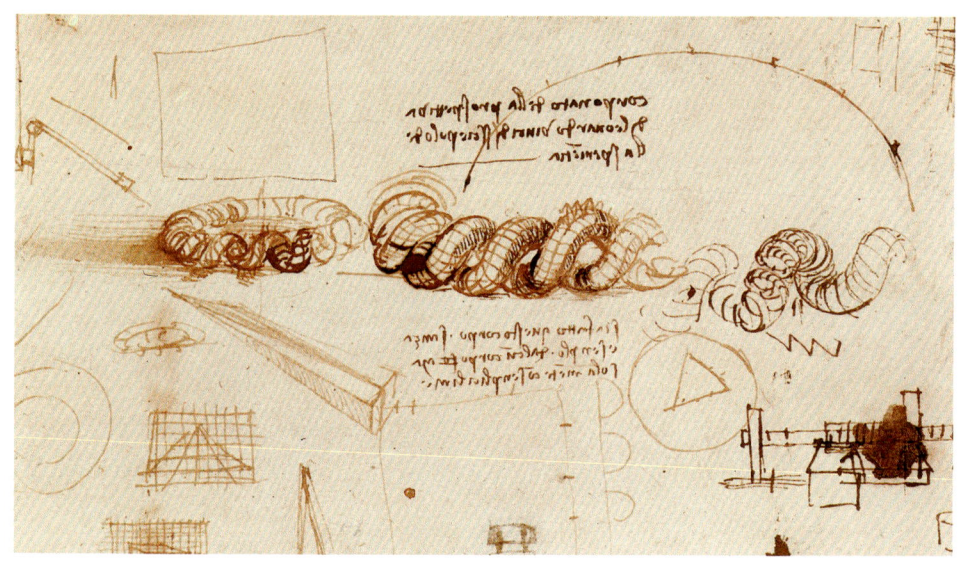

信奉经验的达·芬奇视角下的人体诞生（约 1490）
全景及局部
羽毛笔，墨水，水彩痕迹，20.5 厘米 ×28.4 厘米
米兰，盎博罗削图书馆，大西洋古抄本，f. 191r–a [520r]

鬈曲的长发从头顶倾泻下来，划过一侧面颊，仿佛被风吹皱的窗帘一般蓬松。这一特征似乎有些反常，达·芬奇却通过这种方法用胶画法绘出了被光笼罩的轮廓，使整个画面有了耀眼的效果，其目的在于强调厚眼皮中晶莹、透亮的大眼睛的神奇魅力，那双明眸从半暗的眼窝中浮现，让观者注意到了这位年轻女子眼中透出的坚定和高贵。

到目前为止，对这幅画显现的既厚重又通透的绘画效果有多种解读，其中金属尖笔给画面带入了节奏感，使之浮现在白纸光滑的表面之上。然而，这幅画还未被人随意定义为"误导性的简单"。这幅作品不仅是技巧上的奇迹，它在我们的绘画记载中也如此显著。画中显现的优雅，用阿尔伯蒂文章中的话语来描述便是："那面颊上，所有层次彬彬有礼地叠在一起，柔和的光逐渐变成淡淡的阴影，天使的出现当然不会带来任何生硬感，我们理所当然地称之为美丽、优雅的面庞。"（莱昂·巴蒂斯塔·阿尔伯蒂，《绘画论》第二卷，335页）按照年代顺序，接下来便可以再次提到巴黎那幅著名的藏品，1492年的手稿 A 中的 f.100v，其中达·芬奇确实重拾了这样的记忆："记得黄昏时的街道，通过观察坏天气时男男女女的脸庞，可以看到他们脸上那种优雅和甜蜜。"

在《绘画论》的第 93 章中有一段关联度很大的内容，由于原版内容已经遗失，所以要追溯到 1500 年之后，卡洛·佩德瑞提在《梵蒂冈古抄本》中解释了原因。在这本书中，卡洛·佩德瑞提认为：当画面限制在昏暗的室内，而面部暴露在强烈和柔和的光之中时，要强调的不仅是人物脸上安然的神态。也许都灵素描本身亦是如此："光与影笼罩着那些坐在昏暗房间门口的人的脸庞，观者能够看到房间中的光影暗淡了一侧脸颊，也会看到空中的光照亮了另一侧面颊。正是这种光影的衬托，让这张脸庞显出深深的解脱和安然的神情，其中明亮的一面显出隐隐约约的暗，而阴影笼罩的一面则显出隐隐约约的光。这种光影互相渗透的表现方式使得脸庞愈富魅力。"

通过对人体知识的研究和"若有若无"的暗与光的选择，画家因而表现了这一诗意的瞬间，也就是彼特拉克所唤起的，他本人象征性地称之为"含蓄的美总是更美妙的美"。

藏于乌菲齐美术馆的作品《天使报喜》可能创作于 15 世纪 70 年代早期，持续至 1480 年。从这个过渡时期，我们看到达·芬奇十年练习的成果。

后方视角跪像衣物褶皱习作（参考达·芬奇及其老师韦罗基奥创作的洗礼天使）（约1475）
画刷，灰色蛋彩，铅白加强，优质亚麻画布，18.1厘米×23.4厘米
巴黎，罗浮宫，图像艺术馆，inv. 2256

跪像衣物褶皱习作（约1475—1478）
银尖笔，加粗，红色背景纸，25.8厘米×19.5厘米
罗马，素描与版画工作室，inv. FC 125770

男性肖像及女性头肩部（约1478—1480）
羽毛笔，墨水，白纸，40.5厘米×29厘米
温莎城堡，皇家收藏品，RL 12276v

坐像下半身衣物褶皱（约1475）
画刷，灰色蛋彩，铅白加强，灰线画布，26.6厘米 ×23.2厘米
巴黎，罗浮宫，图像艺术馆，inv. 2255

关于这一点，只有少量手稿残片可供研究，尤其衣物褶皱的习作——牛津大学艺术画廊的一幅钢笔画表现的是这位天使的一只手臂，其中的单色线条画布作品被乔尔乔·瓦萨里赞为精妙的奇迹，这一点可以和皮耶罗·德拉·弗朗切斯卡所创建画室实践法联系起来。事实上，这能让我们联想到韦罗基奥在皮斯托亚所创作的《广场上的圣母》。达·芬奇和洛伦佐·迪·克雷蒂曾在 1478 年左右有过合作，我们可以将祭坛画《天使报喜》归属于达·芬奇的作品。这幅作品中有着马萨乔画作风格中人物的平衡与活力，而且在建筑物中延续了完美的空间次序，其中有温暖的色调，宽阔的栏杆，其轮廓深深地嵌在远方明亮、清澈的天空中。这幅作品中的圣母形象受到了其他思想的影响——利比的画作，韦罗基奥为其增加了异教的粗犷；而达·芬奇则相反，他给作品加入了宝石般的圆润，德西德里奥的大理石作品中那种反射的变化，以及银尖笔下显现的轻薄透明感，从象牙色背景纸上浮现，就像乌菲齐美术馆中那些伟大而神奇的作品，效仿都灵的天使。

在《女孩头部》这幅作品是否归属于达·芬奇这个问题上也存在争议。贝伦森持支持态度，而波帕姆等英国评论家则持反对态度。近几年来，学者们才更加信服这幅作品是达·芬奇的早年之作，是他在画室学习或练习期间所作，而且模特很可能是一位浅浮雕模特。韦罗基奥的风格便是起源于此，这种特征及其技法与著名的大英博物馆的藏品《战士半身像（左侧）》类似。

早在 1675 年，这幅精彩的作品已经成为画廊中的重要藏品。在作品归属于达·芬奇问题上也遇到了一些阻力和质疑，但在 1843 年得到了罗西尼的主张和支持。他确信一幅画和瓦萨里的一幅作品一致 [IV. 20：“他落笔时的精准与技巧在细节上无可比拟，我对此类明暗对比的神圣作品（即金属尖笔绘画）十分熟悉。”]。这便是典型的"裱框"的例子。事实上，这幅画曾经被展出，而且，17 世纪时这幅作品还被人临摹，最后用在了巴勒莫的圣方济各教堂。瓦萨里作品的出处最终得到了证明，不过是间接的，是通过他的图纸中所描绘的内容与一个装饰画框类似，从而得到的线索。这个画框现已不存在了，但在 1849 年的一份收藏清单中有提到过，其中对这个画框是这样描述的："有金箔装饰，并受到了后期拉斐尔作品的启发。"毫无疑问，这就是理查德森在《意大利一些雕像、浮雕、素描

女孩头部（约 1475）
局部
金属尖笔，羽毛笔，水彩，铅白加强，白纸，耳朵及脸部轮廓有修改，28.1 厘米 ×19.9 厘米
佛罗伦萨，乌菲齐美术馆，素描与版画工作室，inv. 428 E

女性肖像（右侧）（约 1517—1518）
黑色铅笔，纸上由于与其他纸张接触有红色印记，17 厘米 ×14.6 厘米
温莎城堡，皇家收藏品，RL 12508

和绘图作品清单》（1722 年于伦敦出版）中提到的画框。他提到了乌菲齐美术馆中一幅绝美的女性头部素描，"雕刻在朱利奥·克洛维奥设计的装饰物上，形状奇怪，金色背景上有上色"，但是我们现在不可能查明此画框是否真正出自朱利奥·克洛维奥之手。另一方面，这幅杰出又精妙的作品可以和现藏于温莎城堡的一幅稍晚些的较大的作品进行对比，这两页纸上有用钢笔绘出的草图、肖像和其他人像习作，其中粗粝、锋利的线条到厚重又精致的影线的快速变化构成了一种奇妙的和谐，在对金属尖笔的明亮效果的模仿方面，这和其他几幅不同人像的柔和轮廓保持一致。因此，达·芬奇不太可能在同一时间，也就是 1478 年左右完成像《女孩头部》这样的作品，因为完成这幅作品需要极大的耐心和精准度。

除了真实性的问题，也有学者就主题提出了怀疑。最古老的收藏清单中将其描述为圣母玛利亚或是抹大拉的玛丽亚。然而近代盛行的猜想的"初步研究"认为，罗浮宫祭台上《天使报喜》中的圣母像来自皮斯托亚主教堂的《广场上的圣母》。实际上，《天使报喜》中的圣母或是童贞女都是低头垂眼，以象征奉献的形象。就像卡洛·佩德瑞提在 1979 年的《莱奥纳多》中提到的，抹大拉的玛利亚甚至维纳斯都有一头浓密、倾泻的头发，以及面纱、辫子和珠宝配饰。

作为画室作品，这可能是为浅浮雕所做的模特像，而不太可能是油画

穿化装舞会服装的年轻男子习作（约 1517—1518）
局部
木炭，白纸，21.5 厘米 ×11.2 厘米
温莎城堡，皇家收藏品，RL 12576

穿化装舞会服装的年轻男子习作（约 1517—1518）
局部
木炭，白纸，21.4 厘米 ×10.7 厘米
温莎城堡，皇家收藏品，RL 12577

细节的习作。金属尖笔和水彩的结合使用，以及象牙色的特制纸本身，都能说明这种用富丽的色彩造成画面华丽的效果，如同杜乔的绘画风格。很多年后，甚至是在法国的最后几年，达·芬奇仍然能够想起他年轻时那些令人惊叹的绘画作品，又重现在那些迷人的聚会礼服绘画之中。有了这些早期作品（安娜·玛利亚·布里奇奥早在原作之前就提醒卡洛·佩德瑞提注意"作品中的雕刻迹象"），根据他

对雕塑的定义（《绘画论》，第 35 章），人们会好奇达·芬奇究竟是否尝试或想要用这种"非常机械的艺术"语言表现这些超凡、优雅的形象。从罗浮宫的浅浮雕和《西庇阿》肖像中，大概可以看出一幅作品的绘画技巧可以达到怎样高超的程度。但是这些作品的归属问题一直都没有确定下来。按照莫勒的观点，这些作品如果不是达·芬奇所作，那么就是由弗朗西斯科·迪·乔治·马提尼这样杰出的艺

勒达发式研究习作（约1504—1506）
墨水覆盖黑色铅笔，20厘米×16.2厘米
温莎城堡，皇家收藏品，RL 12516

圣母子和猫的习作（约1483）
羽毛笔，深黑墨水，叠加，23.2厘米×17.5厘米
巴约纳，博纳博物馆，inv. AI 152（NI 1772）

术家所作的临摹版本。后者和达·芬奇一样，也是韦罗基奥的学生。在一本现已十分残破的画室素描本的残页中，时而可以发现只言片语，其中有达·芬奇的钢笔习作和弗朗西斯科·迪·乔治·马提尼传统的素描作品。

令人们很难理解的是，就算非常平庸的画家也能完美无瑕地在大理石上刻出博洛尼亚的《塔塔格尼纪念碑》。毕竟，多纳泰罗——造诣高深的"浅浮雕"艺术大师——也能让自己创作出绝对粗犷、拙劣的绘画作品，以至于让人想到毕加索的画。韦罗基奥的素描往往十分随意、潦草，几乎像是涂鸦，不过他也能画出令人惊艳的女性头部，并且有着瓦萨里所铭记的精美、繁复的发式——"莱奥纳多·达·芬奇经常模仿的"经典美。同样的特征在他的最后一幅作品中也能看到，在他为位于威尼斯的温德拉敏宫墓园所作的一幅异常精美、优雅的画作中，其特征和风格与现藏于盎博罗削图书馆的达·芬奇的手稿残片中的一幅十分类似，其中有丘比特在飞檐间拉着窗帘的细节。

名师出高徒。达·芬奇的画也像韦罗基奥的一样，就算练习时像他的钢笔素描一样凌乱、潦草、冒昧——就像巴约纳的博纳博物馆的《圣母子和猫的习作》中由于空间限制，以至于绘出的圣母身体扭曲靠近圣子和猫，但他最终也能画出精准、完美

肖像画（头部，有类似象鼻的古怪人像，以及其他绘画）
达·芬奇带去米兰的物品清单，原本为倒写，此处根据信纸的正确方向展示
墨水，40.6 厘米 ×28 厘米
米兰，盎博罗削图书馆，大西洋古抄本，f. 324r [888r]

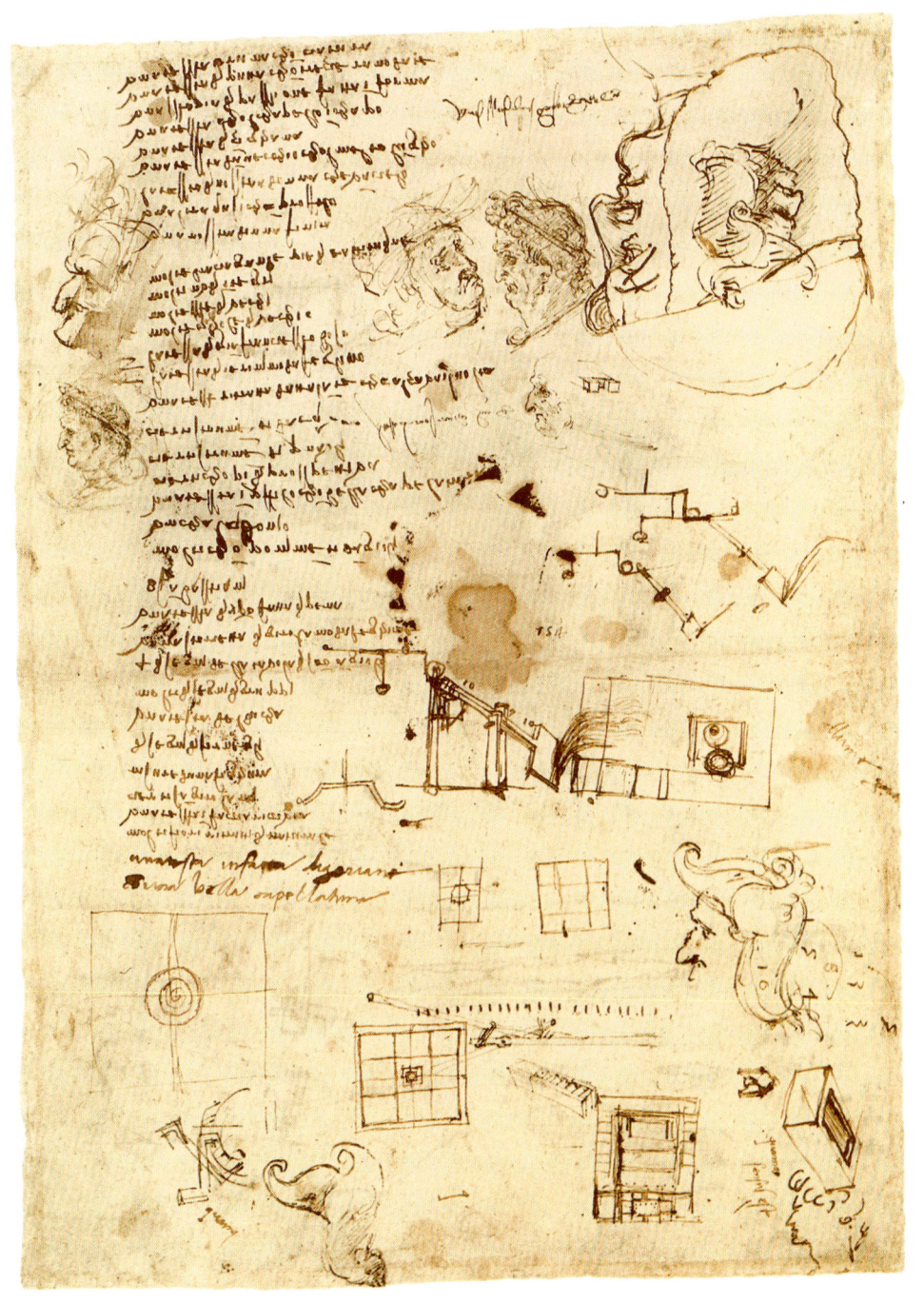

的作品——毕加索一定会喜欢这样扭曲的画！这两类画作代表了达·芬奇接受第一次委托后动身前往米兰之前，师从韦罗基奥时的早年作品类型，也就是15世纪60年代后期到1482年。从可以追溯到1480年早期的《大西洋古抄本》中有关科学和人像的30件藏品中，一定可以找到这方面的信息。其中大部分是达·芬奇动身前往米兰之前想要带走或者留在佛罗伦萨的素描作品。这些藏品非常有名，如《肖像画（头部，有类似象鼻的古怪人像，以及其他绘画）》，并且是1925年杰罗拉莫·卡尔维所开始的几项基本研究的主题。不过卡尔维的研究中现在还有很多未解决的问题，尤其是与油画和雕塑作品的参考相关的问题。例如，现在仍然无法查明一些作品的归属，比如《公爵头像》《吉罗拉莫·达·菲戈李纳的短故事》，这两幅作品或许是为浅浮雕创作。还有时间更靠前的，比如《情欲的寓言》。《艾洛尼莫·达·菲戈李纳头像》《吉安·弗朗西斯科·波索头像》这两幅作品最终都创作成了肖像画。《阿特拉斯抬头画像》也是如此。关于创作《阿特拉斯抬头画像》的事宜，卡尔维联系到了后来同达·芬奇一起前往米兰的青年米廖洛蒂。

其他作品中，除了与"玻璃制品"、一些技术相关设备的资料，以及一些"透视法则"，如保罗·乌切洛和皮耶罗·德拉·弗朗切斯卡的著名作品，其中很多现已失传。

因此，在清单开头的"生活中的几种花朵描绘"中，唯一留存下来的只有现藏于温莎城堡的一幅百合图，可以和现藏于伦敦城堡的具有韦罗基奥风格的《天使报喜》或《圣母与天使》的主题联系起来。《若干老年女性脖颈》《若干老年男性头部》《若干裸体》《若干手臂、腿部、足部及姿态》，以及最后《有穗辫的女性化丘比特》和《有繁复发型的头部》这样的习作，让我们能够看到达·芬奇在艺术学习期间的画室任务，以及学习的热忱。在保存下来的这一小部分作品中，我们会记住一幅年轻母亲怀抱着孩子的肖像画和现藏于温莎城堡的手臂和手部的杰出习作。是这个作品，而不是《吉内薇拉·班琪》肖像画中缺失的部分，更能和现藏于巴杰罗美术馆的韦罗基奥作品《女士和她美丽的双手》半身像联系起来。而在1954年卡洛·佩德瑞提出版的最后一本书中，莫勒将这部作品归属于达·芬奇。现藏于温莎城堡的两幅稍大的习作也十分精美，不过要在紫外线下才能看得清楚。其中有《三博士来朝》中人物手部的习作，还包括《天使报喜》中圣母举起的手部的习作,《三博士来朝》《天使报喜》现都藏于乌菲齐美术馆。

1482年,达·芬奇年满30岁,他决定搬去米兰,便将这些习作手稿留在了佛罗伦萨。没有文献解释为什么他要去米兰,或是有什么他必须去米兰完成的事情,和谁同去,以及做出这一决定的时间和地点,或是旅程的路线、距离和方式。根据第一位匿名传记作者的记述,此次旅行本是达·芬奇和外交使团代表洛伦佐执行某种外交任务,结果这次逗留竟成了永居。这次任务是向米兰领主递送一份礼物,这份礼物是由达·芬奇亲手制作的一把马头形银制里拉琴。礼物送达后本应由达·芬奇独自献歌一曲,并由这把里拉琴伴奏,但是这项任务很可能最后是由他的旅伴,一位名叫阿塔兰特·米廖洛蒂的年轻演员完成的。达·芬奇于1490年在曼图亚所写的一份有关建筑学法则的信函中提到了这位旅伴,称他为第一位对波利齐亚诺的《奥菲欧》进行口头翻译的人。之后,达·芬奇前往罗马,其间于1505年左右在佛罗伦萨作短暂停留。这也解释了为什么达·芬奇这位年轻时的朋友阿塔兰特·米廖洛蒂搬

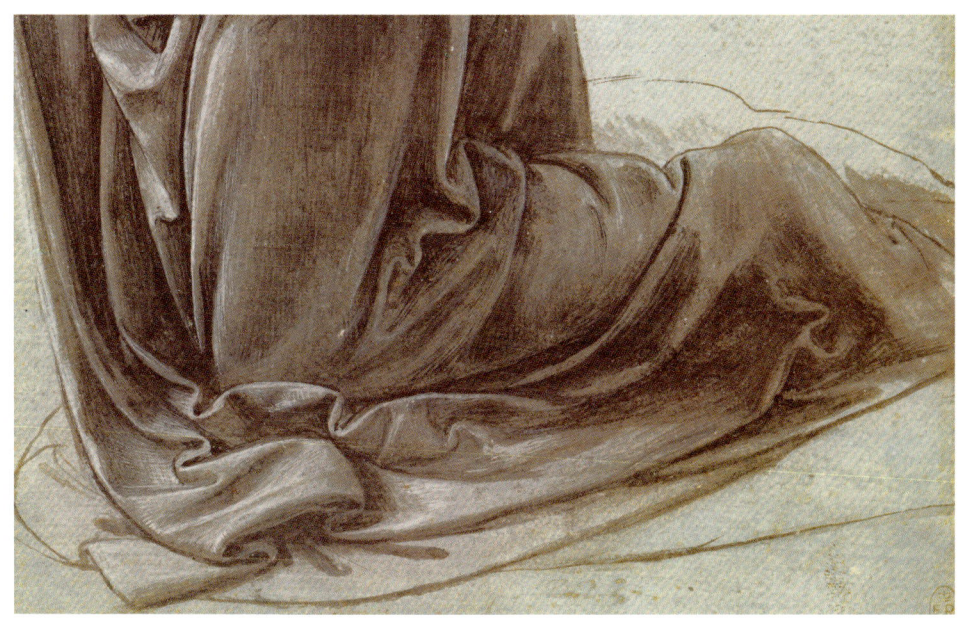

第二版《岩间圣母》中天使跪像衣物褶皱习作(约1508)
局部
油基碳黑颜料,铅白加强,刷过油料的深蓝色背景的小型草图,21.3厘米×15.9厘米
温莎城堡,皇家收藏品,RL 12521

三位女性起舞像及头部习作（约 1517—1518）
黑色铅笔痕迹，铅尖笔，深棕色墨水，细刷，泛黄白纸，9.8 厘米 × 14.9 厘米
威尼斯，学院美术馆，inv.258

去了罗马，在那里他还和米开朗琪罗建立了关系，后来于1514年时作为总建筑师来到梵蒂冈，这样他便可以再次见到达·芬奇。1514年，教皇的弟弟朱利亚诺·德·美第奇邀请达·芬奇访问依诺增爵八世位于贝尔佛第宫顶层的别墅。在经过历代学者的研究和调查之后，达·芬奇的自传中还是存在许多关于去米兰的主要目的这方面的空白等待填补。

不过，我们应该把关注点放在他搬去米兰上——达·芬奇职业生涯中重要转折点。在米兰，他最终得以依赖一些同行或同胞，像贝林乔尼、普尔奇，来自皮斯托亚的安东尼奥·高迪。甚至一段时间之后，达·芬奇还结交了一些人文主义者，比如伯纳多·鲁切拉伊。他是斯福尔扎宫廷中的佛罗伦萨演讲者。根据卡洛·佩德瑞提在1952年出版的一份文献中所述，达·芬奇在1510年左右为鲁切拉伊设计并制造了一台液压泵。根据彼得罗·C.马拉尼所做的有趣猜想，正是这位鲁切拉伊鼓舞了那封著名信函的写作。在这封信中，达·芬奇向米兰领主表达了他愿意为之服务的心愿，不仅是作为军事建筑师和工程师，也作为画家，尤其是作为雕塑家，愿为卢多维科的父亲弗朗西斯科·斯福尔扎建造一座巨大的骑马雕像。从贝林乔尼对卢多维科在促进宫廷艺术中起到的作用的评价中，我们可以推断出这封信产生的积极结果："他从佛罗伦萨为我们带来了一位阿佩莱斯。"在贝林乔尼1493版的作品 *Rime* 中，作者在空白处明确写着"芬奇镇的莱奥纳多"。那座纪念雕像的第一批习作绘制时间大概在1483年—1490年，其中骑手骑在跃起的马背上，脚下是倒落在地的敌人，以及之后奔跑的马的画像，就像胜利游行中典型的马的形象，奔跑的马的画像也是达·芬奇最终采用的方案。

在现藏于法国的手稿C的第一页中——这部手稿中的大部分都是光影的习作——达·芬奇写道："1490年4月23日，我开始了这本笔记，又一次从马开始。"现已查明，卡洛·佩德瑞提在1982年5月11日的《晚邮报》中有具体证明，达·芬奇1482年时已身处米兰。事实上，这个日期在现已失传的一幅有关大浴室的素描中也提到过。这座大浴室很可能是布鲁内莱斯基的作品，在斯福尔扎城堡花园的迷宫中心存在了半个世纪。这幅素描后来根据法国的手稿B进行了恢复，近似于布鲁内莱斯基在佛罗伦萨的其他大型建筑规划图，即圣神教堂和圣玛丽·德里·安杰奥利教堂。此外，来自米兰的第一份

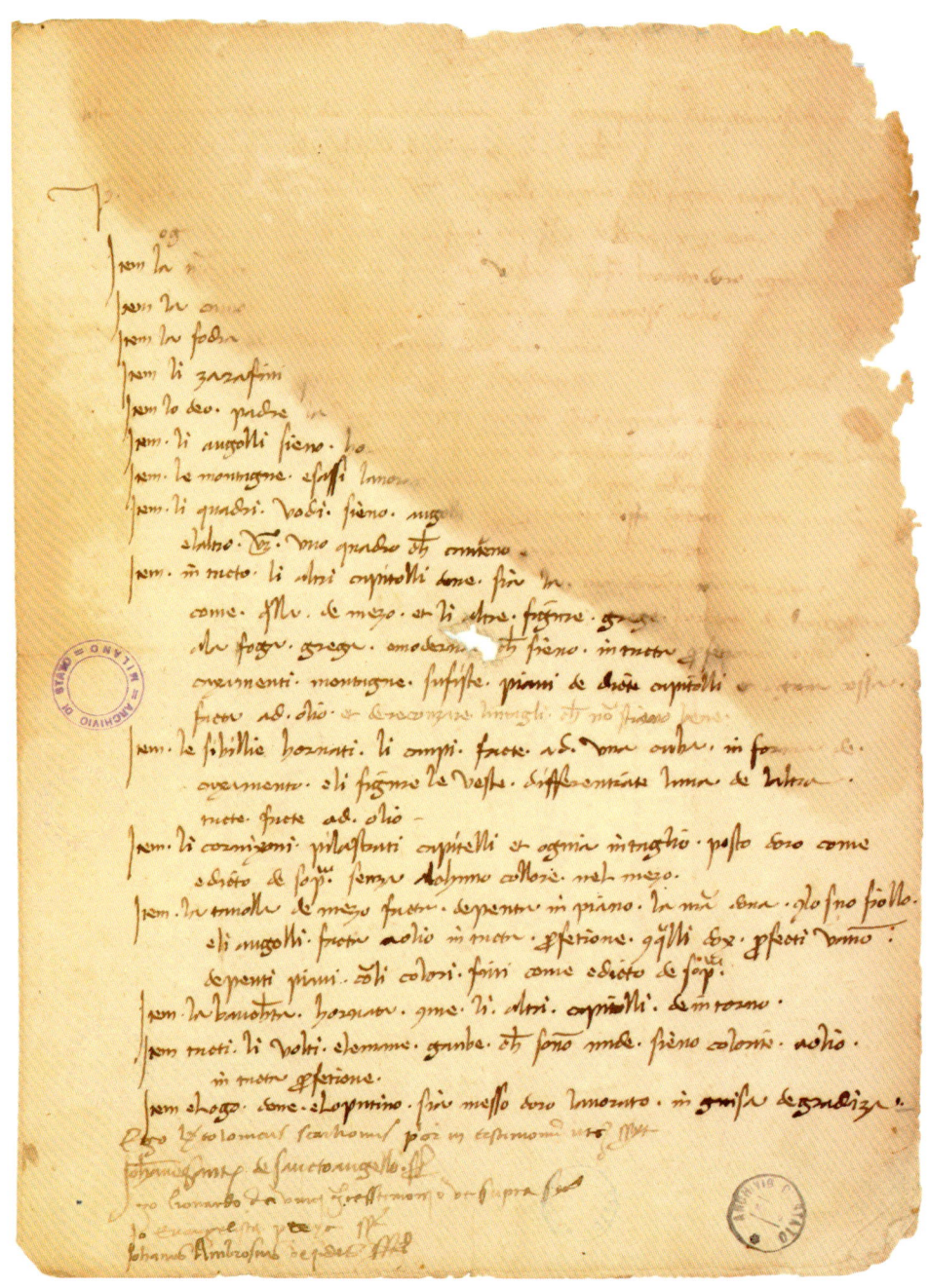

《〈岩间圣母〉中的天使像习作》的合约（1483年4月25日）
纸质文件，28厘米×20.5厘米
米兰，米兰国家档案馆，遗物，c.l.

腾空的骏马和踩踏倒地的敌人习作（约1490）
局部
金属尖笔，蓝色背景纸，18.8厘米×15.2厘米
温莎城堡，皇家收藏品，RL 12358

马肖像习作（右侧，正面及四分之三视角下的前肢及胸部细节）（约1490）
金属尖笔，蓝色背景纸，21.2厘米×16厘米
温莎城堡，皇家收藏品，RL 12321

命令于1483年4月23日下达，也就是达·芬奇和他的两位来自伦巴第的合作者——埃万杰利斯塔和安布罗吉奥·德·普雷迪斯——签订《〈岩间圣母〉中的天使像习作》的合约时间。

现在我们只能看到这幅作品中的两幅草图：天使头部习作和圣婴耶稣头部习作。另外一幅不同版本的天使衣物褶皱习作是在小型草纸上用画刷和油画颜料创作的，可以在1506年—1508年的《第二版〈岩间圣母〉中天使跪像衣物褶皱习作》中看到。

坐像腿部衣物褶皱（约 1516—1517）
全景及局部
木炭，黑墨汁，铅白加强，微偏黑黄色纸，
24.5 厘米 ×23 厘米·
巴黎，罗浮宫，图像艺术馆，inv. 2257

正是这幅作品的风格营造出了雕塑或建筑模型中的那种空间三维效果。在和其他衣物褶皱习作的对比中，从师从韦罗基奥期间的练习到在法国最后几年的习作中，都可以明显看出。"形"也表现在绘画层面上，这一点不仅是在概念上有所区别，在对体积的构思和再现方面也存在视觉表现上的不同。

达·芬奇的首幅解剖学习作是在米兰完成的，时间介于 1485 年—1487 年。之后的三年里，达·芬奇以古典时期和中世纪的艺术典范为基础，通过对不同科学领域进行不断地全面的学习，使得其解剖学的研究也越发集中化和系统化。除此之外，在建筑、雕塑和油画这些领域，同时代的阿尔伯蒂、吉贝尔蒂、皮耶罗、菲拉莱特及弗朗西斯科·迪·乔尔吉奥等人的作品都是达·芬奇学习借鉴的对象。1492 年，达·芬奇 40 岁时，已经开始着手整理手稿，比如弗朗西斯科·迪·乔治·乌提尼在米兰或是在帕维亚交给他的手稿，即老楞佐图书馆的阿什伯纳姆古抄本第 365 页，达·芬奇为之做了注释，君提出版社于 1979 年出版了由彼得罗·C. 马拉尼编辑的评述复印版。

现藏于乌菲齐美术馆的那幅红色铅笔画是达·芬奇最为优美和著名的作品之一。一般认为这幅画表现的是处于两个不同年龄段的同一个人。画中两张侧脸彼此面对，右侧是一位年轻男性的半身像，长着一头浓密的鬓发；左侧是一位老年男性的半身像，他的牙齿脱落，耳朵已低垂。两者的衣袖相连，造成一种互相贯穿的奇特效果，仿佛两人各自的双手和部分前臂都消失在衣袖中。在我们已知的达·芬奇作品中，没有哪一幅作品中

老年人和青年人彼此面对的半身像（约1495）

局部及全景

红色铅笔，白纸，20.8厘米×15厘米

佛罗伦萨，乌菲齐美术馆，素描与版画工作室，inv. 423 E

女性半身像习作｜勒达站立像习作（约1508—1510）

红色铅笔，红色背景纸，20厘米×15.7厘米

米兰，斯福尔扎城堡，inv. B 1354

人像习作（约1480—1483）

金属尖笔，羽毛笔，墨水，18厘米×24.2厘米

巴约讷，博纳博物馆，inv. AI 660（NI 1778）

四分之三视角转向右侧的儿童头部（约1483）

金属尖笔，羽毛笔，墨水，铅白加强，赭色背景纸；粘贴在灰黑偏棕背景的小草图上，13.8 厘米 × 11.8 厘米（加上残片共为 16.9 厘米 × 14.15 厘米）

巴黎，罗浮宫，图像艺术馆，inv. 2347

为罗浮宫圣安妮所作的女性面部习作（约 1510—1511）
黑色铅笔，白纸，18.8 厘米 ×13 厘米
温莎城堡，皇家收藏品，RL 12533

的人物如此接近却没有互相对视。而且，画中的年轻人稍高于老人，给观者造成一种二者正在接近的感觉。根据作品的风格和类型可以推断其创作时间大概在1495年，也就是《最后的晚餐》创作期间。这幅作品中年轻人的模特可能是15岁的沙莱，也就是1490年10岁时来到达·芬奇身边的学徒。这幅作品不一定是相关人物的肖像，可能只是一幅人像练习，就像《绘画论》第139章（出自失传的《A卷》，第27章，约1508年—1510年）中所说的，"美与丑对比之下越发令人印象深刻"。这幅优美的画作背面的字迹"科雷佐之作"也证明了作品属于伦巴第时期。也是基于此，一位老收藏家认为此作出自科雷乔之手。

同样，除了人像练习的层面，也有学者从心理学角度对这幅作品进行了解读。波帕姆一向忠于肯尼斯·克拉克的观点，在1946年出版的《达·芬奇的绘画艺术》中他认为，由于和青年距离太近，老人凸出的下巴确实造成了令人不快的效果。因此，老人的端庄姿态及充沛精力并没有和青年的青春年华形成对比，而是形成矛盾。因此，波帕姆评论——也和克拉克的观点保持一致——作品中的女性化形象越来越少见，直至最终消失。除了后期奉命创作的华服宴会作品，其中有极其奢华的女性形象，以及利奥十世时期罗马宫廷贵妇的经典发式，也是暮年达·芬奇所渴望的女子——高级娼妓克雷莫纳的发式。1810年左右，博西根据一段已经失传，但他本人知晓的达·芬奇手稿评论道："根据我从一位可靠的人士那里得到的信息，达·芬奇在他的笔记中亲笔证实了，他从一位名叫克雷莫纳的宫廷女子身上寻求欢愉。如果不是亲身体验过，他也不可能在漫长的艺术实践中如此深刻了解并描绘出人及人的本质。所有最伟大、最深刻的人类鉴赏家莫不如此。我认为，没有深刻的体验，一个人是不可能掌握或再现一门艺术的精髓，无论是写作还是绘画。"

波帕姆的评论可能为达·芬奇的同性恋倾向猜想提供了支持，然而，我们不能忽略达·芬奇作品中女性化形象的不断出现，且大都出现在圣徒或圣母高贵头部的习作中，尤其是在勒达与天鹅的站像或跪像中，以及其他异教徒或神话中女神形象的习作中，比如维纳斯、波莫娜等女神。达·芬奇的《勒达》原画早已失传，不过通过对后人杰出摹本的研究，乔纳森·K.尼尔森2006年在他的《解读达·芬奇》中对卡洛·佩德瑞提的

抱孩子的年轻女子（约 1480）
局部
羽毛笔，棕色墨水，尖笔痕迹，12.3 厘米 × 8.7 厘米
伦敦，大英博物馆，inv. 1913-6-17-2

勒达跪像习作（有孩子和天鹅）（约 1505）
局部
黑色铅笔，墨水，白纸，15.5 厘米 × 14 厘米
查茨沃斯庄园，德文郡公爵收藏，inv. 717

观点非常赞同："尽管学者们已经从各方面对这幅作品进行了解读，但从来没有人像三十多年前的卡洛·佩德瑞提一样，指明一个最根本的观察，即《勒达》中极具情色意味的一面。"

自达·芬奇早期师从韦罗基奥开始，其笔下男性人像的类型和特点就一直在重复托斯卡纳绘画技法。实际上，这种类型和特点的男性人像一直是画室教学的重点，即使是出于历史必然性，需要根据编年史学家的严谨记录强调画中人物的衣物特点时也是如此。最终成品中的这一特征比草图和初步习作中的更加明显，其中多为裸体像，更能够表现男性肖像的动作和姿势。达·芬奇一些早期的习作便是如此，比如《牧羊人的朝拜》和《三博士来朝》。甚至《抱孩子的年轻女子》中年轻的母亲也是裸体的，她怀抱着婴儿前行，周身仅裹着一条半透明、随风飞舞的裙子。

古时勇士的传奇形象，从西庇阿到汉尼拔，从尤利乌斯·恺撒到图拉真，一直鼓舞着当代军事领主的行为，包括斯福尔扎家族、马拉泰斯塔家族、蒙特费尔特罗家族，而所有艺术家的

军火库中抬升大炮的设备习作(约1487)
羽毛笔,墨水,偏棕色纸,25厘米×18.3厘米
温莎城堡,皇家收藏品,RL 12647

战士半身像（左侧）（约 1475）
金属尖笔，象牙色背景纸，27.8 厘米 ×21.1 厘米
伦敦，大英博物馆，inv. 1895-9-15-474

六名旁观者人像及多人群像习作
（约 1480）
羽毛笔，深棕色墨水，白纸，27.3 厘米 ×17.6 厘米
科隆，瓦尔拉夫-里夏茨博物馆，inv. Z 2003

学习中都包括对古典作家的研究。尤其是历史学家李维，他会向领主们提出行为方式和战略战术方面的建议。因此，人文主义者通过马基雅维利等理论家和优秀政治家的推动和努力下，使《罗马军制论》成为一门广受欢迎的艺术。自此，再无士兵这一职业，只有战争的艺术。在这方面，达·芬奇通过绘画做出了十分有效且具有革新意义的贡献。那幅著名的古代统帅威风凛凛的肖像要追溯到 1475 年左右，是年轻的达·芬奇在佛罗伦萨受他的老师韦罗基奥委派为一座浅浮雕创作的。

20 年后在米兰，即《最后的晚餐》创作期间，在绝非严肃的状态下，达·芬奇创作了独一无二且让人更加难以理解的《怪诞五人像》，颇具寓言性。画面的中心是一位稍显满足的加冕"皇帝"，他的脸转向右侧，双唇紧闭，挂着一丝让人不易察觉的微笑。他周围环绕着四个人物——描述中一般只说"头部"——其姿态和表情都十分清晰：左手边，一名兴高采烈的老年女性正靠近他，透过那嘲笑的表情可以看到她口中所剩不多的几颗牙齿。她目光直视右边，额头几乎被头巾的边缘全部遮住。她手臂张开环绕着中心人物的背部，这个拥抱让人觉得她像是在催促他向右前进。

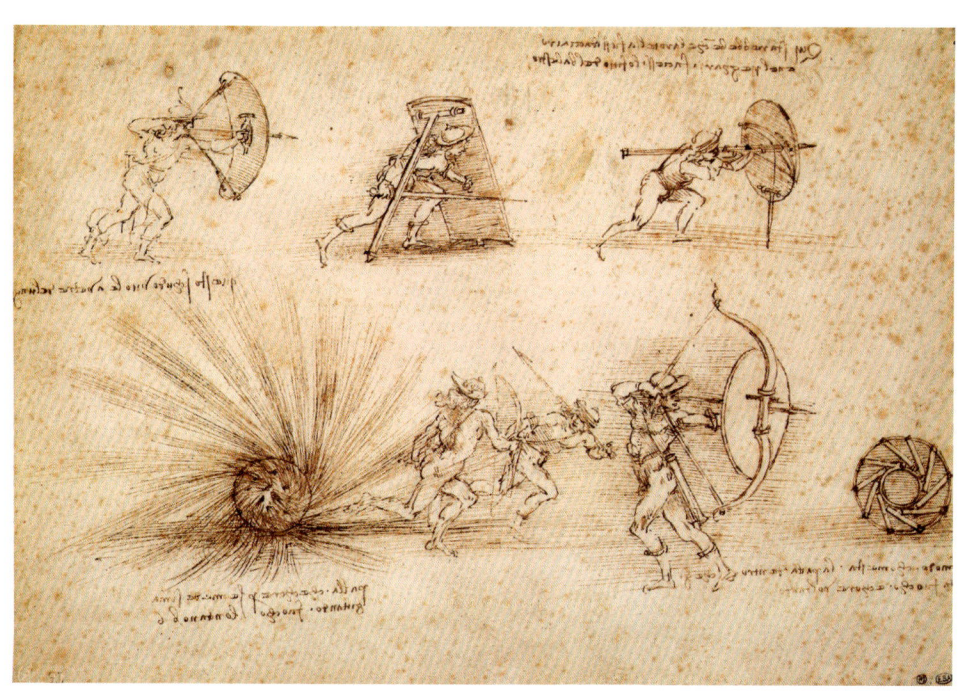

武装的步兵和爆炸的球体习作（约 1483—1485）
羽毛笔，深褐色墨水，28 厘米 ×20 厘米
巴黎，国立高等美术学院，inv. 423

接下来，顺时针方向是一个男性的头部，他嘴巴大张，狂笑不止。然后便是那张冷笑着的脸，从前方看去像是一名喜剧演员。再往下看是另一名演员，脸上特征明显，但无法确定是男性还是女性。他（她）有着长长的鬈发，突然转向画面中心，仿佛在和对面的老年女性进行交谈。他（她）右手从斗篷中伸出来，向外指向右边，同一方向的"皇帝"也举起了他那只看不见的手。整个场景让人觉得好像在右侧的画面之外还有剧情即将上演。

有人将其解释为五官感觉的象征，抛开这一晦涩的解读不谈，卡洛·佩德瑞提一直认为，这幅画中的场景可以和温莎城堡中另一幅风格、类型、时间都与之相同的作品构成完整的情节，即《新娘和陪伴她的傧相讽刺画》。

一名消瘦的眉头紧锁的老年女性嘴巴凸起，牙齿全无，戴着滑稽的头纱，头纱落下垂至双肩。她盛装打扮仿佛新娘。一位轻快活泼、欢呼雀跃

残片上两个怪诞的人像对望（约 1487—1490）
温莎城堡，皇家收藏品，RL 12453
来自《大西洋古抄本》，f. 31r-a [85 i-r]。

怪诞双人像（约 1495—1497）
红色铅笔，8.5 厘米 × 10.5 厘米
米兰，盎博罗削图书馆，手稿 F263 Inf. 90

怪诞五人像（约 1495）
羽毛笔，墨水，白纸，20.5 厘米 × 26 厘米
温莎城堡，皇家收藏品，RL 12495

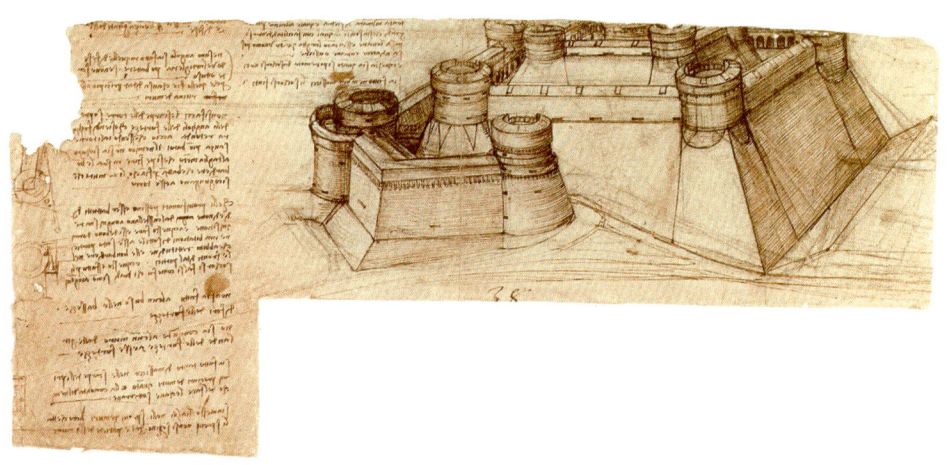

矩形堡垒与城角塔及下方的三角塔（约1507—1510）
黑色铅笔，羽毛笔，两种色调的墨水，42.2厘米×13.1厘米-20.2厘米
米兰，盎博罗削图书馆，大西洋古抄本，f. 41v-b [117r]

的女傧相正准备带她向左边走去，而她将瘦骨嶙峋的右手举起伸向前方，挽着一位男伴：动作和姿势都表明这是一场荷加斯风格的荒诞婚礼。现藏于温莎城堡的一幅残片，即《残片上两个怪诞的人像对望》中也出现了这种两人互相面对的构图方式，这幅作品来自《大西洋古抄本》同时期的一小幅作品中，即f. 31 r[85 i–r]。画面中女性也虽已年迈又盛装打扮，而男性角色则是惯常的年迈且牙齿全无。盎博罗削图书馆的《怪诞双人像》中也出现了类似的一对形象，其中女性的身材丰满，几乎要冲破衣物，她畸形的手臂搭在男性的肩上，形成了画面的焦点，同时也微妙地暗示了这场荒诞婚姻的结局。评论家们认为这幅作品与达·芬奇的画作风格不相符，但是，这幅作品的确出自达·芬奇之手无疑，而且和他《最后的晚餐》中使徒像的习作草图属于同一时期。

从现藏于温莎城堡的19061r（手稿K或P的154r）藏品，即达·芬奇1509年左右的解剖学习作中所提供的一些线索和证据可以看出，他对风俗和政治的认识以寓言的形式表现在他的画作中。他本人对这一系列解剖学作品做了总结："希望我能通过描绘他们形象的方式证明人类的本质和传统，从而取悦我们至高无上的上帝。"从这种忘我而充满感激的祈祷中，我们可以看出画家试图将讽刺画创作作为心理研究的工具，从而自我反省。实际上，他一定是意识到了那句古老谚语中所蕴含的真理:"所有画家都是在描绘自己。"很快他也认同了但丁的那句话:"绘画之人,若非描绘自身,则无法真正描绘。"(但丁,《飨宴》,第四卷,第二章,52-53页;达·芬奇,手稿 A, f. 133v,约 1492 年)

达·芬奇 40 岁时,身体和智力正处在巅峰状态,我们可以从他创作的各种角度的肖像画中看出——不管是从解剖学和生理学角度,还是美学和心理学角度,他一直以自己作为参照。这样一来,将著名的威尼斯学院美术馆藏品《维特鲁威人》看作达·芬奇在某种程度上的自画像也就不那么突兀了,就像卢卡·贝尔特拉米早在 1919 年提出的那样。对于达·芬奇在男性面庞的比例研究中使用的模特,也有学者提出了类似的观点,比如其中秃顶的形象可能确实参考了都灵皇家图书馆中那幅著名的自画像中的特点。

在著名的威尼斯学院美术馆藏品中,达·芬奇的 26 幅素描手稿已由

自画像(约 1515—1516)
红色铅笔,氧化黄纸,33.3 厘米 × 21.2 厘米
都灵,皇家图书馆,inv. 15571

耶稣诞生(约 1490)
金属尖笔,羽毛笔,棕色墨水,19.3 厘米 × 16.2 厘米
纽约,大都会艺术博物馆,罗杰斯基金会,inv. 17.142.1

君提出版社于2003年出版了评述复印版，其中囊括了他40年活跃的绘画生涯中所创作的多幅无与伦比、世界闻名的作品。从1478年的《耶稣诞生》的早期习作到之后1497年的《耶稣诞生》习作，再到1518年左右在佛罗伦萨的服饰习作中最后一幅身着盛装的舞者素描，其中只有1490年左右半途而废的《维特鲁威人》被选中，于2009年进行展出。此处可以用到专题展览上那句颇为新颖的客套话，即通过将它作为欧元上的图案，更能够强调这幅作品对我们这个时代的文化影响。

因而，这次展览不仅是关注不同类型、不同难度的新老画作的高端专业展览，也是一种尽可能大规模且多样化地向公众展示五个世纪前的艺术瑰宝。这幅作品表现了绘画语言的连贯性和自发性对科学和哲学思想的卓越表达，同时，作品中表现的独立人像的庄严和肃穆更能带给观者时代感。因而，指挥家尼古拉·奇斯特尔尼诺构思并指导的原声音乐，便代表了这幅作品与现代艺术手段之间建立的独特而又精妙的关系，其目的在于强调这幅作品中所蕴含的无与伦比的迷人魅力。

卡洛·佩德瑞提在2007年学术会议上的主题，便是关于这幅作品的各种评论，主题为"维特鲁威人"。卡洛·佩德瑞提于2008年和2009年出版的两本书中也针对这一主题做了总结。尽管如此，也只有在2009年的威尼斯的展览之后——感谢安娜利萨·佩里萨·托里尼所编辑的相关目录和其他几位学者做出的贡献——我们才可以断言，这幅作品不仅像阿道夫·文杜里所认为的那样，是一幅科学素描，更是一幅真正的艺术之作。同时，要感谢罗科·西尼斯加利在君提出版社出版的威尼斯版《佛罗伦萨画家作品全集》及其他作品中发表的学术论文（以及之后其他学者在不同场合发表的观点），他确定了达·芬奇在这幅作品中所应用的比例标准是黄金分割原则，古典时期的许多著作中也都提到了这一原则。

但这并非全部。如果对绘画的观点也能像投票一样的话，卡洛·佩德瑞提认为可以将《维特鲁威人》和同样著名的寓言作品，现藏于牛津基督堂画廊的《妒忌寓言两则》中的《欢愉与痛苦》联系起来。这幅作品的创作时间比《维特鲁威人》稍早几年，但也不像波帕姆所说的是15世纪80年代早期的作品。不过，两者的风格和类型确实一样，尽管《维特鲁威人》不那么偏重书写艺术，而是以轮廓线表现三维的效果。同系列的另一

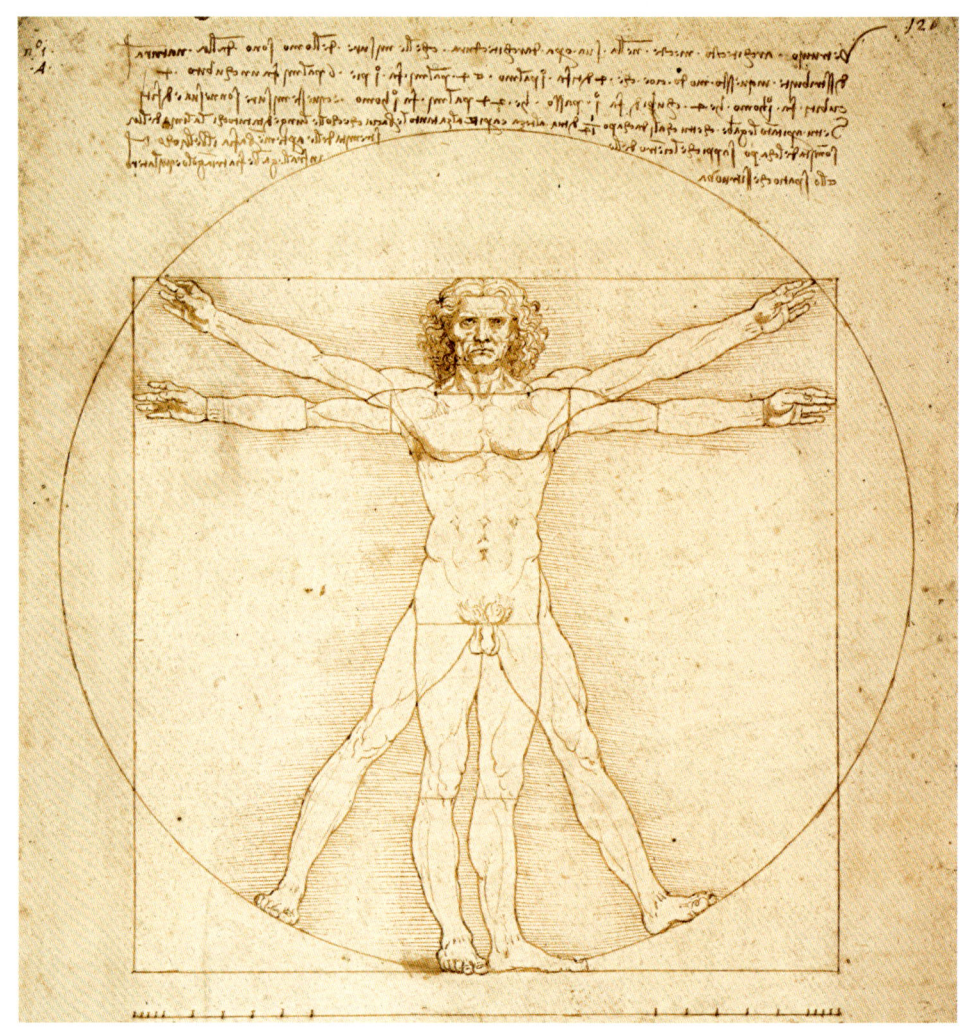

维特鲁威人（约 1490）
金属尖笔，羽毛笔，墨水，白纸上有水彩痕迹，34.4 厘米 ×24.5 厘米
威尼斯，学院美术馆，inv. 228

幅作品也藏于牛津基督堂画廊，更加明确了这幅作品是一部寓言作品，表现的是卢多维科·斯福尔扎作为他的侄子吉安·加莱亚佐的导师兼保护人时所实施的政策，他的侄子当时由于年纪太小还不足以担任领主。这幅作品伴有文字，解释了其中所用到的不同象征符号，这些符号的解读可以查阅相关文集或波帕姆本人的著作。在1954 年 3 月《伯林顿》杂志上的一篇文章——卡洛·佩德瑞提在 1957 年的作品《达·芬奇研究》中进行了

重述和延伸——中，提到乔万尼·保罗·洛马佐在1584年出版了这些文本中的大量摘要，包括已失传的相关作品中的文本，其中之一或许补充了《欢愉与痛苦》的寓言内容。

在2006年的乌菲齐美术馆举办的"心中的莱奥纳多"展览中（君提出版社版目录），卡洛·佩德瑞提在后续相关评论的启发下，又重提寓言这个主题。以1487年—1490年提福兹欧手稿14页的注释作为开始："4代表力量、回忆和智力，要阻止的事物和渴望的事物"，在此基础上可以做出以下评论："5种感官之中，视觉、听觉和嗅觉是很少被禁止的，触觉和味觉则不是。"

很明显，此处根据感官所暗含的性刺激将其分成了两个基本大类。因此，达·芬奇于同一时期详细描述了《欢愉与痛苦》的寓意表达也就不足为奇了，但同时这幅作品本身，包括其中的自我观察又如此细致。对于在卢多维科·斯福尔扎教导下的年轻公爵来说，卢多维科需要保护他，以免他受世俗乐趣的诱惑。因此，在这幅作品中达·芬奇谈论的是自己。这幅画非常著名，相关解读虽非平庸，却难免幼稚。

《欢愉与痛苦》展现的是单独的存在，但其内在是双重的。它由独立的躯体和单一的性别构成。这里需要指出其中包含男性的性冲动。两个头部和四只手臂强调了其中一方永远无法与另一方割离的概念。这两个联结在一起的形象背对彼此。正如达·芬奇解释的那样，因为他们是彼此的对立面，同时他们又由同一具躯体组成，因为"欢愉的根本是对抗痛苦的努力"，而痛苦的根本"来源于各种贪婪的欢愉"。

就像这幅不同寻常的作品说明的那样，一只脚踩在泥里，另一只脚则踩在黄金上。"痛苦"已经暮年老朽，而"欢愉"却年轻貌美。他们各自的手中持着不同的符号。"欢愉"的一只手扔下金币，相对的"痛苦"的手则扔下"蒺藜陷阱"，这是一种由人类的恶毒设计出的古老且精巧的装置。达·芬奇在提福兹欧手稿中描述过这一词汇，今天仍在使用。达·芬奇并没有明确说明"痛苦"的手中所持的茂盛树枝属于哪种植物，然而卡洛·佩德瑞提非常确定它是结有果实的胡桃树枝，不过洛马佐在描述同一或类似寓言的时候，认为它是玫瑰枝。卡洛·佩德瑞提认为此处讨论的牛津基督堂画廊的这幅藏品可以排除这种可能性，从形态和象征的角度来讲，胡桃树枝更合理，就像达·芬奇自己在别处解释过的那样，需要击打

妒忌寓言两则之欢愉与痛苦(约1483—1485)
局部
羽毛笔,棕色墨水,红色铅笔印记,28.9厘米×21厘米
牛津,基督堂画廊,inv. 0034 (JBS 17)

胡桃树枝才能摘下果实。"欢愉"的另一只手中拿着一枝长长的芦苇,"代表自负与软弱,而且长着有毒的刺"。正是在此处,文本对伦巴第环境中所没有的东西进行了详尽的描写,像是某种奇怪的偏题,而这也是这幅寓言画的目的所在:

"在托斯卡纳地区,人们用芦苇铺床,意味着睡在其中的人会做无用的梦,从此虚度人生;清晨头脑清醒的时候,身体也一样活跃,准备迎接新的劳动;同样,人们会纵容自己沉浸在虚无的欢愉中,在头脑中为自己想象不可能的事情,并纵容自己的身体沉浸在让人昏厥的欢愉中——在这里芦苇便是这样一种象征。"

1584年,乔万尼·保罗·洛马佐从一段引用的文字中推论出这则寓言的一个更详尽的版本,其中提及了可怕的"双生身体"将会踏足的那张芦苇床:"画家描绘出了具有上述外形的那只恶魔,身处一张代表着无数幻梦的床架上",以及幻梦之后的东西。没有一幅素描或绘画能够证实这种芦苇床在托斯卡纳地区的使用,但是能从现藏于米兰斯福尔扎城堡的手稿 B 中 f. 20v 这幅速写中得出一个大概轮廓——一个支撑床垫的简单结构,床头也是用芦苇做成的,还有对这一设备使用的可笑说明——供"贪

第一章 莱奥纳多最为优美的绘画作品　65

妒忌寓言两则之米兰政治状态寓言（约1483—1485）
羽毛笔，棕色墨水，28.3厘米×20.6厘米
牛津，基督堂画廊，inv. 0037（JBS 18）

婪的虚度时光者"使用，鉴于睡觉的人的确是从床上被扔出去的，这张床还能确保使用者在第二天早上按时醒来。

按照达·芬奇的解释，头脑实际上成了图中暗示的主角，由于人刚醒来时头脑十分"清醒"，正是接受诱惑的合适时机，因为人在醒来的时候想象力很容易沉浸在感官的麻痹中。在卡洛·佩德瑞提看来，这证明了此处提到的"虚无的欢愉"来自"不可能的事"，是由头脑想象出来的典型的自慰行为。这样一来我们就可以认为，人们往往会陷入想象和幻梦，这也是画家为了提高创造力一直在保有和刺激自我的方式，就像画家常常回忆是为了确保作品中的诗意情怀。

达·芬奇的寓言也是如此（比如《绿蜥蜴之忠诚寓言》，这幅作品绘在对1496年巴尔达萨雷·塔科内作品《达娜厄》准备期习作的背面），这幅寓言因此有了新的诠释。比如，一幅令人惊艳的早期画作被另类地解读为名望或胜利的代表，不过仍需确定其手臂上覆盖物的确切种类，就像洛托那则著名的寓言一样。让人真正感到奇怪和难以置信的是，埃德加·温德在1939年断言："那位华丽的女性形象手中握着的战利品和她的衣裙四周用画刷绘成的飞舞的印记，以及那

第一章 莱奥纳多最为优美的绘画作品　67

妒忌寓言两则之欢愉与痛苦（约 1483—1485）
局部
羽毛笔，棕色墨水，红色铅笔印记，28.9 厘米 ×21 厘米
牛津，基督堂画廊，inv. 0034（JBS 17）

妒忌寓言两则之米兰政治状态寓言（约 1483—1485）
局部
羽毛笔，棕色墨水，20.6 厘米 ×28.3 厘米
牛津，基督堂画廊，inv. 0037（JBS 18）

马和两个人像的习作（约 1517—1518）
黑色铅笔痕迹，深棕色墨水，泛黄白纸，8.8 厘米 ×5 厘米
威尼斯，学院美术馆，inv. 233

位展翅飞翔的形象四周表现挥舞的手法，都是在 18 世纪时加上去的！"

在达·芬奇留在佛罗伦萨或 1482 年随身带去米兰的一系列著名作品中，有三类画作或初步习作都失传了。确切地说，是儿童、马或其他动物，以及风景这三大类。很明显，当时的画室学徒在透视法和人像的学习研究中，非常重视这三类主题的练习。实际上，从佛罗伦萨时期直到在法国的最后一幅作品，达·芬奇所有时期和场合的作品中都有大量各不相同的儿童、马和风景出现。

上述作品中描绘的儿童形象，其表情和动作表现都传达无限的活力，不仅是《圣母子与圣安妮》中描绘的儿童形象，还有其他多种宗教题材作品中描绘的儿童形象，比如经常和圣子耶稣一起出现的其他圣婴，即他的表兄圣约翰。《耶稣诞生》《三博士来朝》《岩间圣母》《圣安妮》群像中的场景中也是如此。两位圣婴作为玩伴的这种结合指明了角色的象征意义，两者结合的形象也作为独立群像被研究过，然后由达·芬奇的学生和追随者绘制。尤其是，圣婴耶稣在极力保

三位女性起舞像及头部习作（约1517—1518）
黑色铅笔痕迹，铅尖笔，深棕色墨水，细刷，泛黄白纸，9.8厘米×14.9厘米
威尼斯，学院美术馆，inv. 258

好运寓言中三种特征的习作（约 1480—1481）
羽毛笔，深棕色墨水，偏棕色水彩，24.9 厘米 ×20.2 厘米
伦敦，大英博物馆，1895-9-15-482

护自己的玩具——象征着他未来受难时表现的惊恐和喜悦。如在《圣母子与圣安妮》中表现的那样，而且可以看出他丝毫不愿与玩伴交换玩具。又比如在《圣母与嬉戏的圣婴》的一幅绘画习作中所表现的那样。现藏于温莎城堡和盖蒂博物馆的一些达·芬奇初步习作作品也是如此。

在以勒达和维纳斯为主题的偏世俗的作品中，儿童的形象遵从古典神话中的经典形象，所以儿童可以出现在暴风雨前夕洪水一般的黑云中，仿佛风也被拟人化了。现藏于温莎城堡的《大洪水习作》这幅大型作品中便是如此。其中儿童出现在轮廓分明的风暴云中，也出现在右下方正被狂风摧残却兀自不动的神秘地面上，呼啸而过，与地面上被连根拔起的树木和想要抓住破碎树枝的渺小人类相比，他们显得尤其巨大。令人惊讶的是，如果仔细观察——很多人往往不会仔细观察——你可以看到类似威尼斯学院美术馆收藏的《舞者》和温莎城堡收藏的《伸出手指的女子》中的女性形象，她们身体扭曲仿佛杂技演员，靠着背部保持平衡，像是正在抓住被暴怒的天气刮走的马。在这样悲壮的环境下，她们表现了彼得罗·阿

大洪水习作（约 1515）
黑色铅笔，羽毛笔，墨水，水彩笔触，铅白，27 厘米 ×40.8 厘米
温莎城堡，皇家收藏品，RL 12376

伸出手指的女子（约 1517—1518）
深棕色、黑色铅笔，21 厘米 ×13.5 厘米
温莎城堡，皇家收藏品，RL 12581

▲ **绿蜥蜴之忠诚寓言**（约1495—1496）
羽毛笔，棕色墨水，13.3厘米×20.2厘米
纽约，大都会艺术博物馆，罗杰斯基金会，
inv. 17.142.2

圣母子与盛水果的碗（约1480）
金属尖笔，黑色铅笔，羽毛笔，棕色墨水，
偏棕色水彩，白纸，35.45厘米×25.2厘米
巴黎，罗浮宫，图像艺术馆，inv. RF 486

雷蒂诺式的具有情色意味的雕刻作品（受拉斐尔启发，同一时期的产物）中人物滑稽的一面。

卡洛·佩德瑞提一直认为，在对达·芬奇绘画作品及其手稿的研究中，我们应该重视1982年恩斯特·H.贡布里希爵士对于达·芬奇的老师韦罗基奥的观点："尽管达·芬奇极力歌颂视觉的力量，但他的创作过程并非是通过观察培养起来的，而是两种互相对立的方法，即传统和理性。很明显，达·芬奇创作过程转变的根本模式是从韦罗基奥的画室中学到的。"

一些革命性的作品——比如现藏于乌菲齐美术馆的《三博士来朝》——也证明了这一观点。这幅创作于1481年的作品延续了1478年相似主题作品的特点，如《耶稣诞生》或《牧羊人的朝拜》。对于这些作品，我们只能从藏于威尼斯学院美术馆和其他地方的一系列初步习作中进行了解。这两幅作品中的动物形象也是如此，即牛、驴和马。《三博士来朝》的草图是达·芬奇在1482年前往米兰之前的习作，其风格会让人想到吉贝尔蒂的《天堂之门》中的立体挂屏，后者必定也是韦罗基奥画室中教授的相关图案样式。立体挂屏周围被两根树干环绕，一匹神秘的马位于画面中心，安然信步，几乎占据了画面中的前景。然而在右手边的树干外侧，马和一队骑兵的胶着对抗仿佛是25年后《安吉里之战》中核心情节的前奏。这是唯一一幅马几乎以正面姿态位于画面中心的作品——尽管是镜像而且有骑手。这幅小型习作（12厘米×7.8厘米）在2002年纽约的一次拍卖会上，以2500万美元的惊人价格成交。而油画中的马则更像是雕像，可能是某种巧合。但1481年韦罗基奥从佛罗伦萨离开时所创作的科莱奥尼纪念碑中实物大小的马的模型也是如此。大家都知道，达·芬奇和洛伦佐·迪·克雷蒂与他们的老师十分亲近，即便学习结束后也是如此。事实上，两人在韦罗基奥离开期间在皮斯托亚合作过几部作品，并且，在藏于温莎城堡的达·芬奇关于马的习作中，有一幅肯定参考了韦罗基奥画的马。这样一来，从1483年到1498年的15年间，达·芬奇在米兰为弗朗西斯科·斯福尔扎的巨型纪念碑所做的复杂研究中对其老师的效仿也就不足为奇了。

众所周知，这次伟大的使命最终还是流产了，之后《安吉里之战》习作中那幅壁画最终也被弃用了。16世纪初在佛罗伦萨，《安吉里之战》本可以通过一系列复杂的画面和放大马的表现手法，形成巨作。这幅作品的本意在于颂扬城市的自豪感，这也是油画所必须表现的。自此，与动态力量和体形相关的诸多部分浮现，并且很快被定义到比较解剖学的范畴中。同时，对凶猛动物的表现能够从表面反映骑兵迎接战斗时的勇气。这种巨作的创作受到了古典时期绘画风格的启发，结合了生动活泼的表现方式，这也是巴洛克风格所强调的。因此，达·芬奇全心投入安吉里习作时创作的《海神和四匹海马》，注定是惊艳后人想象力的传奇之作，或许是直到贝尔尼尼之前唯一一幅能够转化为雕塑的画作。

之后很快，达·芬奇于1506至1513年第二次旅居米兰时，自己也转向了雕塑，中间1508年左右被两次前往佛罗伦萨打断过。不过，为纪念法国军队统帅吉安·贾科莫·特里武尔奇奥而创作的骑马雕像，以及为布拉曼蒂诺所设计的家族教堂，即米兰圣纳扎罗的马焦雷教堂创作的雕像最终也都付之东流了，包括1518年在法国所作的最后几个作品。当时特里武尔奇奥身处法国昂布瓦斯，并于1518年去世，一年之后达·芬奇也于此地去世。直到去世前，达·芬奇似乎才意识到，这项工程，这个需要对付的难题，可以从概念本身的层面得到解决，因而单以绘画层面，也可以完成这项工程。在法国的最后几年，达·芬奇在生命将尽之时，他为骑马的形象增加了一种传奇的、象征性的

海神和四匹海马（约 1503—1504）
木炭，25.2 厘米 ×39.2 厘米
温莎城堡，皇家收藏品，RL 12570

《安吉里之战》中两战士的头部习作（约 1504）
木炭，右侧边缘有红色铅笔痕迹，19.2 厘米 ×18.8 厘米
布达佩斯，布达佩斯美术博物馆，inv. 1775

特点，成就了达·芬奇笔下典型的马的形象，其中融入了他的猫的习作中那种跳跃的姿态，涉及与恶龙对抗的主题，也就是回溯到光明战胜黑暗、美德战胜罪恶这类传统寓言的圣乔治纹章主题。自此，达·芬奇重拾起早在佛罗伦萨的《三博士来朝》背景中的马进行第一次草图创作时便十分着迷的主题，在达·芬奇最初的构思中，这幅作品中的骑兵团是在对抗恶龙。

因此，保罗·瓦雷里在 1919 年为他 1894 年所作的论文增加评论也就不足为奇了。他认为艺术家的本性反映在其笔下的马的性情和特点中，达·芬奇笔下的马仿佛他的自画像一般，手法娴熟，炉火纯青。这一点很好地解释了为什么达·芬奇——就像乔尔乔·瓦萨里所说的——"面对仆从和马的时候总是非常愉快"。就像他总是非常喜欢和尊敬各种动物一样，从他早期作品中温顺、平和的牛的形象，到像是安静前行的熊——仿佛它随时准备起舞，再到最后几幅作品中的猫身上那种无法抑制的活

猫、马及圣乔治与龙的习作（约 1517）
羽毛笔，水墨笔触，木炭浅印，纹理纸，
29.8 厘米 ×21 厘米
温莎城堡，皇家收藏品，RL 12331

熊的习作与女性坐像速写（约 1482）
金属尖笔，淡粉色背景纸，3.4 厘米 ×10.3 厘米
纽约，大都会艺术博物馆，罗伯特·利曼藏品，
inv. 1975.1.369

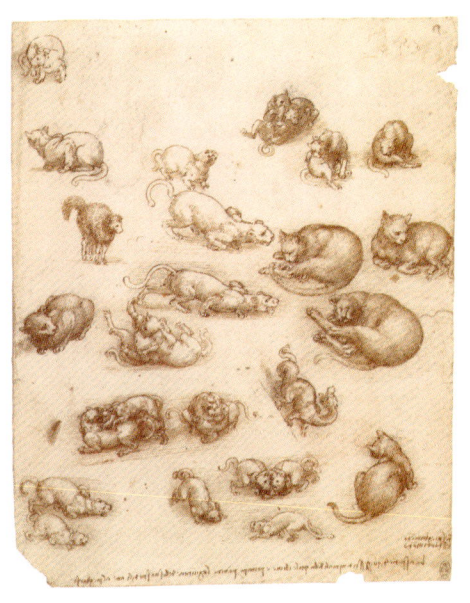

猫和龙的习作（约 1517）
羽毛笔，水墨笔触，木炭，红色铅笔渲染，
27 厘米 ×21 厘米
温莎城堡，皇家收藏品，RL 12363

骑马雕像习作（约1509—1510）
红色铅笔，羽毛笔，木炭，纹理纸，22.6厘米 × 27.6厘米
温莎城堡，皇家收藏品，RL 12356

骑马雕像习作四幅（约1508）
局部
羽毛笔，纹理纸，28厘米 × 19.9厘米
温莎城堡，皇家收藏品，RL 12355

力，和它们动作中富有节奏的表现力等都可以看出这一点。而许多悦目的马的形象和故事，有些成了墓园雕塑，庄严伫立，比如斯福尔扎城堡的巨型骑马雕像习作；另外一些则迸发出旺盛的生命力，比如无拘无束、肆意奔跑的马；或是《安吉里之战》中不安地跃起的马。

就像通过相机镜头捕捉最令人兴奋的焦点，达·芬奇用画笔定格了一个个触动人心的瞬间。他表现的画面并非是一个人通过双眼仔细观察感知到的，而是通过善于分析的头脑得出的结果，因而人工模仿的感觉在整个系列中不断出现。比如早期作品和后期口袋素描本中，具有驯养的或是农用的特点，或是戴着军用挽具的马，达·芬奇用画笔定格了一个个动人心魄的瞬间。他笔下的画面并非是某人通过双眼仔细观察感知到的，而更像是通过善于分析的头脑得出的，因而人为模仿的特点也再现其中，比如当有人将马作为动力的象征时，比如HP指数中的HP实际上是"马力"。我们关于达·芬奇最美绘画的冒险旅程即将抵达终点，即他眼中的风景画，

基督受洗（1473—1478）
安德烈·德尔·韦罗基奥和达·芬奇（？）
局部
木板蛋彩油画，177 厘米 ×151 厘米
佛罗伦萨，乌菲齐美术馆

马的头部研究（1503—1504）
局部
羽毛笔，水墨，10.8 厘米 × 6.1 厘米
温莎城堡，皇家收藏品，RL 12327r

这是他艺术生涯的开始，也是结束。达·芬奇第一幅为人所知的画，实际上是波西诺环绕下的蒙塔尔巴诺的阿尔诺河谷的一幅景观画，他面向沃尔泰拉的田野和山丘进行创作。左上方，他在背景中勾勒出了环绕比萨的山丘，并在前景处右侧描绘了蒙特卡蒂尼和蒙苏姆马诺附近的山丘。左上角处有画家的亲笔注释："圣母之雪日，1473 年 8 月 5 日。"那一年达·芬奇 21 岁，自 1469 年起，他就在佛罗伦萨师从韦罗基奥学习绘画。这幅作品创作于他的老师韦罗基奥的《基督受洗》创作期间。在《基督受洗》中，达·芬奇负责完成著名的天使跪像（可能是自画像）。那天使仿佛一位演员，神色既懊悔又自信，随时准备跃起身来——仿佛图中画面的下一个情景便是如此——为了给受过洗的耶稣递上一条浴巾。

这是达·芬奇叙述中对时间因素的首次尝试，通过庄严的流体形态——褶皱，被转向一侧肩膀的脸和浓密的瀑布一般的鬓发，表明这位天使是真实的而非象征物。他准备好了跟随耶稣，就像佛罗伦萨圣弥额尔教堂中韦罗基奥所创作的圣托马斯，我们还可以想象前一刻还在画面之外

基督受洗（1473—1478）
安德烈·德尔·韦罗基奥和达·芬奇
木板蛋彩油画，177厘米×151厘米
佛罗伦萨，乌菲齐美术馆

的这位天使站立的姿态。实际上，人像和达·芬奇学习期间所构思的风景画中引人注目的细节之间存在着联系。的确，现在已经证实，达·芬奇画作中的天使是用学生使用的油画颜料绘制的，而作品的其他部分则是蛋彩绘成的。这也解释了1473年的那幅画作。21岁的达·芬奇已经开始通过将有机元素和人体生命力进行概念化联系的方法来进行风景画的练习了，从而将风景作为契合画面的背景，而非装饰性的布景，就像后来的乔尔乔内那样，将风景与故事的象征性结合起来。也许，阿尔伯蒂关于空中透视这一问题的假设并没有像传统的信仰那样根深蒂固，认为灾难和风景是人类邪恶的结果。1456年那场著名的飓风横扫托斯卡纳，带着肆虐的狂怒穿过恩波利和芬奇镇之间的平原时，达·芬奇只有4岁。乔瓦尼·鲁切拉伊1457年的编年史和后来马基亚维利的《佛罗伦萨史》中都有提到这次飓风。这场童年经历在达·芬奇的脑海中一定留下了深刻的印象，从而成为他所有风景作品中力量的象征。从1473年最早的一幅，到最后的"大洪水系列"，而且仿佛带着某种预警，即使是在达·芬奇宁静、祥和的作品中，也从未真正融入过田园牧歌的元素。

在藏于科隆美术馆的《三博士来朝》的习作中，画家受古典时期画作的启发，以庄严而传统的姿态绘出了人物形象，而这幅画背面两只螃蟹的形象则成了年轻画家做出的背景补充。评论家很少谈及这幅画，像是在质疑这幅画的真实性。这两只甲壳动物具有引人注目且具有穿透力的鲜明轮廓，这让人联想到丢勒。但是，一个小小的细节便足以揭露这位托斯卡纳大师的笔触：从螃蟹腿尖延伸出的阴影线条，仿佛暗示了这两只螃蟹正在一处荒芜的海滩上，被或将升起或将落下的太阳的光照亮。事实上也不一定是海滩，这种螃蟹也出现在芬奇镇附近的水道中，以及兰波雷基奥峡谷的水道中。在现藏于温莎城堡的一幅可以追溯到1473年左右的画作《峡谷间的溪流及前景中的鸭子》中，出现了缓慢水流中的螃蟹，而前景中的两只小鸭为画面增添了许多活力。也有可能达·芬奇在创作这幅作品时，不仅是出于对自然写实的兴趣，也是出于艺术方面的原因。也是出于同样的原因，里奇奥认为螃蟹的形象受到了古典时期的影响，代表着青铜墨水瓶，梵蒂冈博物馆中藏有一幅绝妙的作品就是典型的例证。

另外，在对现藏于巴约纳的博纳博物馆的另一幅人像研究作品研

人像习作（约 1480—1483）
金属尖笔，羽毛笔，墨水，24.2 厘米 ×18 厘米
巴约纳，博纳博物馆，inv. AI 660（NI 1778）

究中，达·芬奇放弃了古典时期那种近乎装饰的图案模式，描绘了两个可爱的丘比特似的孩童站立的形象。其中一个肩上扛着一只巨大的、倒挂的螃蟹，另一个则是小心翼翼地在后面跟着，准备帮前一个扛起这不同寻常的重担。这幅作品不太可能是为油画而作，事实上，它更适合小型雕刻或是浅浮雕。不过要注意，几年之后，即1510年左右，达·芬奇产生了一个想法，在他的学生的追随下，他创作了一幅以圣婴为主题的小幅油画，其中耶稣和他的表兄圣约翰紧紧拥抱，由许诺赎救的象征性亲吻联结在一起，背景中的岩石墙壁上永恒的常春藤不断爬升。因此，通过这两个扛着巨大螃蟹的丘比特般的孩童，达·芬奇或许意在象征人类向渴望的应许之地前进的道路上充满了艰辛。

之后的几年间，达·芬奇又先后创作了两幅著名的作品，一幅是现藏于乌菲齐美术馆的《天使报喜》，创作时间大概是1475年到1480年；另一幅是应1483年米兰委托所作的《岩间圣母》。这两幅作品中都有茂盛的植物和技法娴熟的风景描绘，很明显是需要长时间精心准备，并通过许多草图习作进行计划和研究的，但这些草图习作中流传后世的少之又少：一幅为《天使报喜》中天使手中的百合的习作，一幅为著名的《岩间圣母》中天使的习作。

《天使报喜》鲜花遍地的草地的习作现已无存，《岩间圣母》让人印象深刻的岩石构造和植物的相关习作也是如此，除了巴黎手稿B中的《紫罗兰、焊接工具、木槌、铁板草图及笔记》这幅笔墨绘成的迷人的习作。这幅作品的创作时间大概在1485年左右，而旁边有关几何学记录则是在1487年到1490年添加的，这段时间大概是第一幅《岩间圣母》习作的深入阶段。

在伦巴第，达·芬奇很快被阿尔

螃蟹习作(约 1480)
羽毛笔,深棕色墨水,白纸,27.3 厘米 ×17.6 厘米
科隆,瓦尔拉夫-里夏茨博物馆,inv. Z 2003v

卑斯壮丽的景观深深吸引，景色从大教堂顶层在他眼前徐徐展开，此时为1488年左右，他正为教堂顶部的灯室进行相关创作。另外还有多多少少的直接体验，比如当他沿阿达河前往莱科及更远的地方时，在手稿和旅行笔记中详细记录了大量相关信息。然而，那幅红色铅笔绘成的阿尔卑斯地区景观图大概要追溯到16世纪初，包括那幅让人联想到《蒙娜丽莎》中背景的作品《峡谷间的溪流及前景中的鸭子》。特别是山谷上空的风暴，和白杨林或白桦林的作品中的风格和类型一致，这实际上可以和手稿L中的f. 81v联系起来。这部小幅手稿于1498年左右于米兰开始创作，1500年后于佛罗伦萨和罗马尼亚继续进行。在1500年离开米兰之前，斯福尔扎王朝没落之际，达·芬奇认识了他未来的赞助人，也就是路易十二随从中的法国要员。实际上，1501年在佛罗伦萨时，他便开始为弗洛里蒙·罗贝特创作一幅小型的《圣母像》。《圣安妮》也是这一时期于佛罗伦萨开始创作的，其背景是阿尔卑斯风景。

如果这些作品中的风景仍具有典型的印象派特点，那么植物和岩石则按照科学的精确程度被绘制出来，比如与1505年《安吉里之战》同时期的第一版《勒达》中，勒达的形象是跪着的，这幅作品的创作一直持续到1515年，之后由他的学生完成了站立

峡谷间的溪流及前景中的鸭子（约1482）
羽毛笔，墨水，类粉色纸，22厘米×15.8厘米
温莎城堡，皇家收藏品，RL 12395r

天使报喜（约 1475—1478）
局部
木板蛋彩油画，98 厘米 ×217 厘米
佛罗伦萨，乌菲齐美术馆

紫罗兰、焊接工具、木槌、铁板草图及笔记（约 1485）
羽毛笔，墨水，23.3 厘米 ×16.8 厘米
巴黎，法兰西学会，手稿 B，f.14r

版本的勒达。毕竟，后者具有和他的解剖学习作相同的特点，而在《安吉里之战》创作时期到 1515 年，达·芬奇也系统性地重拾了他的解剖学习作，其中他更多地使用了蘸水笔和墨水。解剖学画作中的精确性可以与民用和军用建造的相关绘画进行对比，后者直到 1507 年之前都有记录，比如壮阔的陵墓景观，受到基安蒂地区卡斯泰利纳小镇上建造复杂的伊特鲁里亚墓碑的启发而创作，以及《大西洋古抄本》f. 41v–b [117r] 中令人印象深刻的山谷堡垒，这应该是 1507 年之后的作品，旁边的注释说明了相关的历史信息。这些只是达·芬奇手稿和画作中一系列复杂实验和信息中的要点。根据这些手稿和画作，我们可以总结出，在他看来，风景是用来构造并强调前景中人物的有机组成部分，在其晚期的画作中，包括《蒙娜丽莎》都是如此。这便是为什么我们可以在流水中看到原本不可见的具有力量感的线条，正是这些线条构成了鬈曲的秀发和旋转的风。

从美到实用，从实用到美

1821 年 4 月 16 日，莱奥帕尔迪在他的《凡人琐事》中写道："从绝对的美这个愚蠢的概念中，有人得出了同样愚蠢的观点，即认为有用的事物不必美，或者不可能美。以科学作品为例，如果科学作品不美，那么便以有用为借口。实际上，美无法成为科学作品。而我认为，如果某样科学作品不美，甚至很丑，那么就算它在其他方面颇有价值，也无法称之为合格的科学作品。塞尔苏斯的论文为什么美，因为它是医学论文？因为其中有诗的韵律或是繁复的修辞？都不是。首先，塞尔苏斯的论文不具备这两个特点，其行文朴素、纯粹，具备学术文章应有的言简意赅。清晰、准确的表达和纯粹的语言风格成就了其作品的优秀品质和美，而这种优秀品质和美适用于任何书籍。每本书都必须符合严格意义上的美，也就是说，必须足够优质。如果不美，那么从某种程度上来讲它就是劣质的，不美、不够优质和某种程度的劣质之间不存在过渡带。我关于书的这一观点也应扩展到其他所有所谓实用的事物上，普遍意义上的所有事物。"

对于美和实用之间的关系，莱奥帕尔迪的精彩论述与达·芬奇的观点不谋而合，从达·芬奇对"不成比例"和"不协调"的认知中，以及从他怪诞、讽刺画中的夸张的表现手法中，可以看出"实用"同时也意味着"不美"和"丑"。因此，达·芬奇在《绘画论》第 51 章（出自失传的 A 卷，27 张，约 1508 年）中有一句评论值得我们记住："美与丑对比之下越发令人印象深刻。"

对于美和实用之间的关系，伟大画家和伟大诗人的观点竟然如此相似，这也成了选择所谓的达·芬奇"最为优美的绘画作品"时的决定性因素。特别是，达·芬奇的一些作品更能够和其他作品形成鲜明对比，反之，也可以按照使"实用"和"美"形成强烈对比的原则，对达·芬奇最美的画进行整理，或者，仅按照逻辑顺序对这些作品进行分类和排序也能够形成两者的强烈对比。另一方面，鉴于最终的定性评位能够在分析中有所体现，相关的技术和历史信息中也会特别强调美和实用的对比。

以上并非全部。感谢彼得罗·C. 马拉尼在他 1984 年的著作《莱奥纳多·达·芬奇军事建筑研究》中第 291 页所阐述的重要观点。达·芬奇在《大西洋古抄本》中有一句非常著名的话，常常被认为是一句否定判断——里克特，1883年，1445章；布里奇奥，1952年，238页；卡洛·佩德瑞提1978年在《建筑师莱奥纳多》第156页——如今这句话已经被正确地解读为疑问句："难道美和实用不能像在堡垒和人体中那样同时存在吗？"（《大西洋古抄本》，f. 147r-b [399r]，卡洛·佩德瑞提在1957年出版的《温莎残片》第31页，P1.9中有再现）只有伊尼亚齐奥·卡尔维1943年在《达·芬奇的军事建筑》一书中（第18页）认为，这句话的前半部分是疑问句，而马拉尼则认为其后半句也是疑问句，并且得到了语言学者和意大利研究者埃托雷·卡萨马西马的认同。

毫无疑问，卡洛·佩德瑞提一直是极力认同马拉尼观点的第一人，尽管并没有相关文献的具体日期可以证明这一点。事实上，在确定达·芬奇寻求问题答案的过程中都使用了哪些

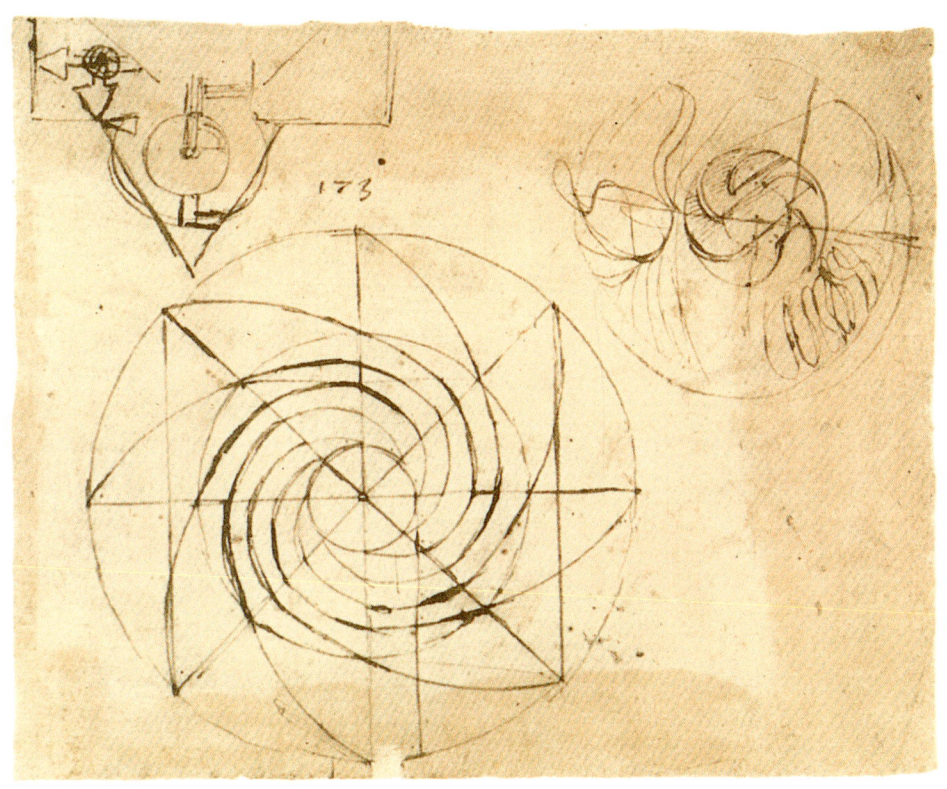

防御工事及几何图习作（约1487—1490）
羽毛笔，墨水，13.5厘米×16.2厘米
米兰，盎博罗削图书馆，大西洋古抄本，f. 221v-a [598 a-r]

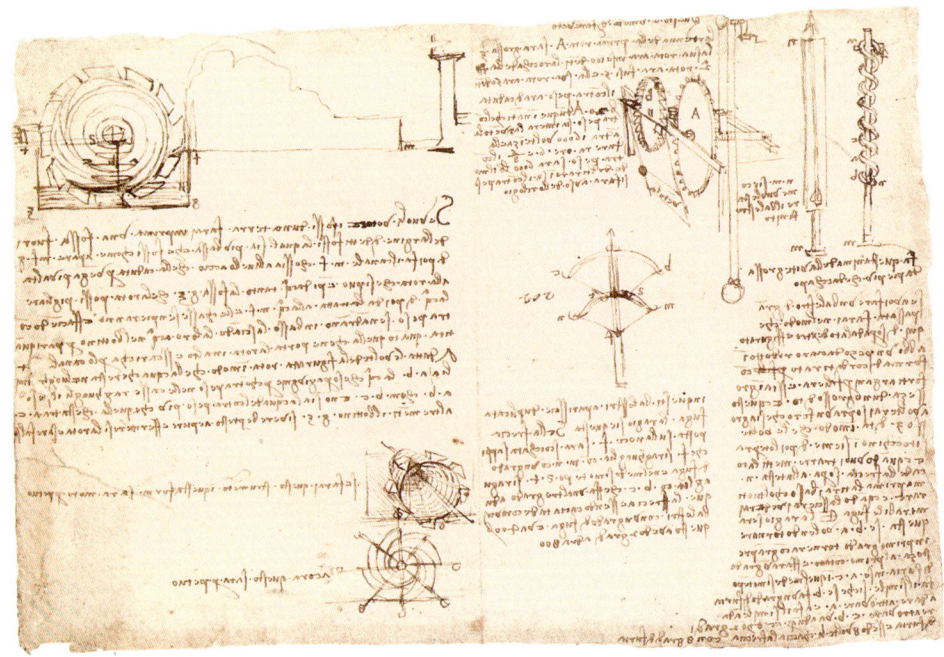

科技习作（约1490）
羽毛笔，墨水，21厘米×30厘米
米兰，盎博罗削图书馆，大西洋古抄本，f. 278r-b [754r]

信息源时，卡洛·佩德瑞提是第一个加入这场辩论的。在维琴察的安德烈亚·帕拉第奥建筑研究国际中心召开的"16世纪的威尼斯军事建筑"学术会议上，卡洛·佩德瑞提发言主题的题目为"格拉迪斯卡前军事建筑师莱奥纳多·达·芬奇"。1988年，也就是会议结束后的第五年，相关论文集得到了发表，并由安德烈·沙泰尔——之后担任声名卓著的维琴察建筑研究国际中心主席——为之作序，现已证明此前言完成于1983年10月，也就是马拉尼的著作前言完成四个月后，根据其出版日期可确定后者是于第二年出版的。

接下来终于到了讲稿的最后一部分：

在最后总结中，卡洛·佩德瑞提想重提藏于温莎城堡的那幅著名的《最后的晚餐》中使徒像的习作，这幅作品的左下方有一幅堡垒城角塔的素描，马拉尼对其进行了精彩的解读。马拉尼认为，这幅素描与美化米兰斯福尔扎城堡的计划有关。现如今，卡洛·佩德瑞提赞同马拉尼的这一观点，而且卡洛·佩德瑞提认为藏于法国巴黎的手稿I中有一幅素描也印证了这一观点。这座建筑的军事属性不仅可以通过其内斜坡和堞口确定，如马拉尼指出的那样，也可以通过水平线条绘成的"粗琢方石"的层次看出来。在这幅作品中，达·芬奇似乎表达了"美和实用"共存的概念，在可以追溯到1490年的《大西洋古抄本》中，达·芬奇也通过一段著名的文字表述了这一概念。本书附录中列出了马拉尼这篇优秀的解释性论文的详细信息，其中这段文字以疑问句形式出现，这和所有其他达·芬奇的临摹者、评注者及卡洛·佩德瑞提本人的理解都正好相反："美和实用不能像在堡垒和人体中那样同时存在吗？"

不过，为了搞清楚达·芬奇的问题，我们需要重构问题提出的背景。这个问题似乎是阅读时写下的一条注释。如果仔细查阅达·芬奇直接或间接了解的古典及中世纪作家，我们便能猜到，这段所谓达·芬奇作注释的文字，实际上出自圣·奥古斯丁的《上帝之城》。这本著作在当时可能引起了达·芬奇的兴趣，同时它也是中世纪解剖学实践的参考书籍。一般认为，这本书是1504年达·芬奇所拥有的书籍之一，弗朗西斯科·梅尔齐在一份有关罗莫朗坦的研究手稿中提到过。圣·奥古斯丁写道："另外，人体的某些部分并无地位，因为它们不具备有用的功能，只起到装饰作用，比如说男性的乳房，或是脸上的胡须。这些都只是装饰，没有保护作用，女性光滑的面部便可以证明这一点；而作为女性，本应更需要这种保护才对。因此，如果人类拥有的四肢只是为了实用而牺牲了美，或只是用于装饰而无实际用途，那么卡洛·佩德瑞提便可以得出结论，在创造人体的过程中，优雅优先于必要性。"

由此，达·芬奇提出了他的疑问："美和实用不能像在堡垒和人体中那样同时存在吗？"

1992年，卡洛·佩德瑞提将自己的小论文发表在《博士演讲》上，标题为"圣·奥古斯丁与达·芬奇的美和实用概念"。同年10月6日，在费拉拉大学授予其荣誉学位的庄严仪式上，卡洛·佩德瑞提根据此文做了演讲，之后不久发表在了《莱奥纳多·达·芬奇学术报》上（第五期，1992，107–112页）。不过，卡洛·佩德瑞提在同年5月18日便已公开了这份演讲稿的第一版，当时是作为"达·芬奇与威尼斯"会议的开场演讲稿，此次会议由意大利威尼托人文艺术科学院主办，属于格拉西宫一次

马的头部研究（1503—1504）
羽毛笔，水墨，10.8 厘米 ×6.1 厘米
温莎城堡，皇家收藏品，RL 12327r

相关展览的一部分。《晚邮报》报道了此次演讲，文章标题为"实用即美：达·芬奇之言"，发表在第二天报纸的第 7 页上。

在一篇算是对彼得罗·C. 马拉尼杰出作品的即时评论文章中，卡洛·佩德瑞提还简要提到了他对美和实用主义之间关系的另一种非常丰富的洞察。事实上他的观点正好相反，即从实用出发去寻找美。这便是卡洛·佩德瑞提在选择达·芬奇最美画作时考虑的一个重要因素，或曰概念，但仍然非常主观，因而难免随意。在他为《大西洋古抄本》中一小幅作品——

可以追溯到与巴黎手稿 B 同时期的 1487 年至 1490 年——f. 221v-a [598r] 所编写的目录中，马拉尼第一次提到了左上角的一幅三角堡素描图，他很明智地将这幅作品和巴黎手稿 B 中一幅类似的作品联系起来，从而将这幅作品的时间确定在 1490 年。之后，针对一幅像是几何构造的科技装置素描，他又进行了补充评论，并认为这幅作品的时间大概就在几年之后。他还特别提道："另外一幅通过离心力转动的水车素描同样十分精妙，时间大概要稍晚一点。"这幅素描应该和右上角的另一幅素描联系起来，不过

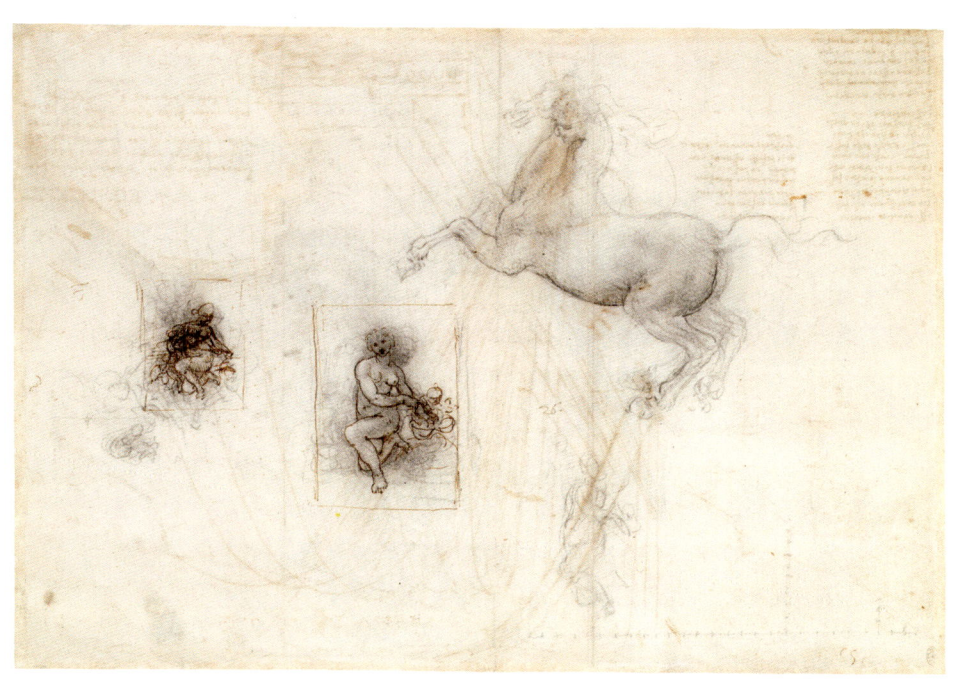

勒达与天鹅构思草图和马的后半身习作（约 1504）
羽毛笔，墨水，黑色铅笔，28.7 厘米 ×40.5 厘米
温莎城堡，皇家收藏品，RL 12337

这幅素描属于轴侧视角，绘制的大概是另一种非水车的实用装置，但也不同于《大西洋古抄本》中的 f. 278r-b [754r] 同时期的一幅挖泥机素描图。这种装置是为堡垒排水沟的周期性排水而设计的。根据宗卡后来所绘的图纸，这些素描可能跟一座丝绸制造厂的建筑工程有关，也可能是堡垒，尤其是三角堡中的射击孔所设计的排烟装置。如今，研究达·芬奇科学设计素描的专家、学者们仍然就这一问题进行辩论和研究。同时，《骑马雕像习作四幅》和《马头部、后方视角的马，以及飞奔的马和骑手的习作》两张整版插图的日期和风格则已经确定无疑。这也是为什么从第二张图到第一张图，我们能够从山脉、堡垒的实用性，过渡到静谧风景画那无与伦比的美，其中可以看到陵墓大型建筑群的雏形，而且绝对可以和达·芬奇在马德里手稿 If.110r 中提到的"伟大的罗马建筑"相媲美。

第二章　从素描到油画

手

来到韦罗基奥的画室当学徒时，达·芬奇还是个孩子，作为公证员的父亲和韦罗基奥达成了年幼的达·芬奇给雕塑家韦罗基奥当学徒并学习绘画的协议。达·芬奇非凡的绘画天赋从而得到了激发。韦罗基奥的新式画室非常热闹，常有各色艺术家前来交流，这对年轻的学徒来说是个非常好的学习环境。对达·芬奇来说，这段学习经历至关重要。当时和达·芬奇同门的有佩鲁吉诺、多梅尼哥·基尔兰达约、弗朗西斯科·波蒂西尼；柯西莫·罗塞利和洛伦佐·迪·克雷蒂等艺术家也经常和画室合作。安东尼奥·波莱奥罗和波提切利等当时活跃在佛罗伦萨的艺术大师也对达·芬奇产生了影响。对于达·芬奇来说，画室学习帮助他提高了绘画技巧，提升了他制作白垩模子和黏土模型的能力。

托拜厄斯和大天使拉斐尔（约1470—1472）
安德烈·德尔·韦罗基奥和莱奥纳多（？）
左上图，整体图；下页左上图及下图，局部，
木板蛋彩画，84.4厘米×66.2厘米
伦敦，国家美术馆

圣母子和两位天使（约1476—1478）
安德烈·德尔·韦罗基奥和洛伦佐·迪·克雷蒂（？）
右上图，整体图；下页右上图，局部，
木板蛋彩画，96.5厘米×70.5厘米
伦敦，国家美术馆

第二章 从素描到油画

圣母颂（约 1481—1485）
桑德罗·波提切利
木板蛋彩画，直径：118 厘米
佛罗伦萨，乌菲齐美术馆

持石榴的圣母（约 1487）
桑德罗·波提切利
木板蛋彩画，直径：143.5 厘米
佛罗伦萨，乌菲齐美术馆

圣母子与八天使（拉钦斯基圆形画）（约 1478）
桑德罗·波提切利
木板蛋彩画，直径：135 厘米
柏林，国立博物馆画廊

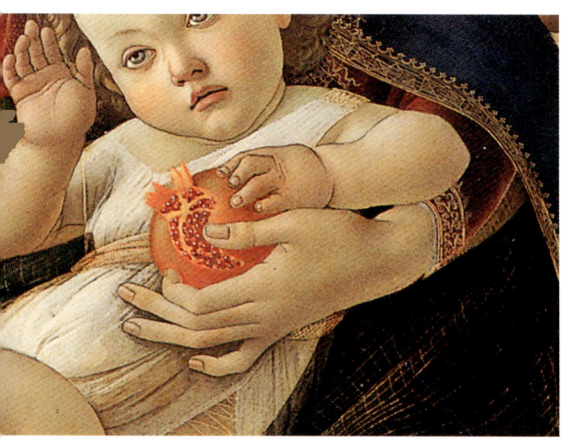

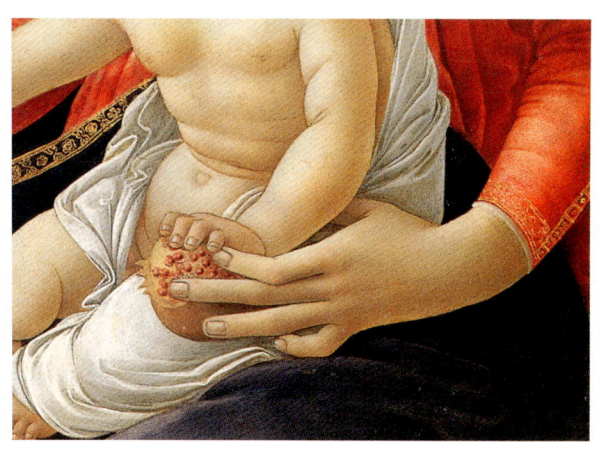

持石榴的圣母（约 1487）
桑德罗·波提切利
局部
木板蛋彩画，直径：143.5 厘米
佛罗伦萨，乌菲齐美术馆

圣母颂（约 1481—1485）
桑德罗·波提切利
局部
木板蛋彩画，直径：118 厘米
佛罗伦萨，乌菲齐美术馆

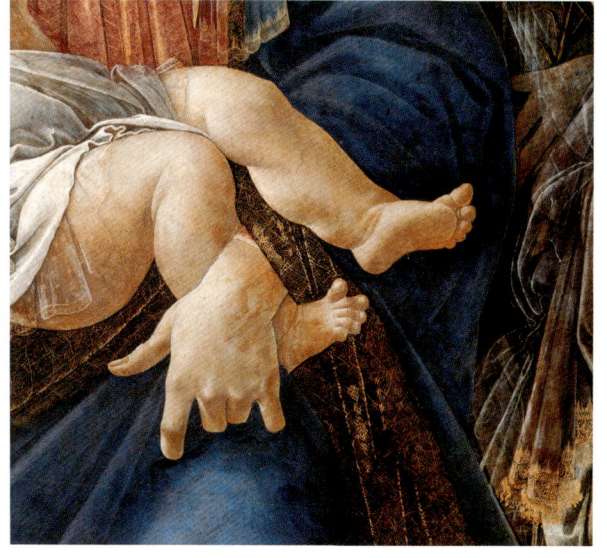

托拜厄斯和大天使拉斐尔（约 1470—1472）
安德烈·德尔·韦罗基奥和莱奥纳多（？）
局部
杨木蛋彩画，84.4 厘米 ×66.2 厘米
伦敦，国家美术馆

圣母子与八天使（约 1478）
桑德罗·波提切利
局部
木板蛋彩画，直径：135 厘米
柏林，国立博物馆画廊

天使报喜（约1475—1478）
整体图
木板蛋彩油画，98厘米×217厘米
佛罗伦萨，乌菲齐美术馆

实际上，达·芬奇真正情有独钟的是老师韦罗基奥的雕塑艺术主题，以及他对现实的准确观察和描绘。

达·芬奇的早期习作中可能包括对日常衣物褶皱的练习，还有对画室中各种成功作品的临摹，不过有些许改动。韦罗基奥画室中有些作品是和其他画家合作完成的，比如现藏于伦敦国家美术馆的《托拜厄斯和大天使拉斐尔》和《圣母子和两位天使》，其中高超的绘画技巧和几乎呆板的细节表现似乎冲突，比如画中的手往往只有少数几种表达方式，然后根据不同的情境略作调整。波提切利的作品也是如此，尽管其中女性化的双手精致、优雅，手指如青葱般细腻、修长，但始终如一，像是在不断重复同一幅素描习作。现藏于乌菲齐美术馆的《圣母颂》和《持石榴的圣母》两幅圆形画中这一特点尤为明显，现藏于柏林画廊的《圣母子与八天使》也是如此。通过观察乌菲齐美术馆的《天使报喜》中圣母的手，我们注意到，达·芬奇似乎直接沿用了韦罗基奥笔下典型的紧绷的手部形象，也就是画家在练习期间常常模仿的画室模板。即便如此，达·芬奇的想法也会有所不同：尽管画中手的姿态一如既往，但从圣母的拇指施加的压力中，我们可以感受到她似乎想真的拿起那本大部头手稿，同时食指则指着书上正在阅读的位置。自此，达·芬奇笔下便不再有为了表现优雅而显得造作、古板，甚至仪式化的姿态了，只有更加真实的

天使报喜
局部

持康乃馨的圣母（约1478—1480）
杨木（？）蛋彩油画（？），62厘米×47.5厘米
慕尼黑，巴伐利亚国家绘画收藏馆，老绘画陈列馆

圣母子与石榴｜抱婴圣母像（约1469—1470）
桦木蛋彩油画（？），15.7厘米×12.8厘米
华盛顿，国家美术馆，塞缪尔·H.克雷斯藏品

伯诺瓦的圣母（约1478—1480）
木板油画，转为画布，48厘米×31厘米
圣彼得堡，艾尔米塔什博物馆 ▶

手，或抓握，或指点，或抬起，反映内在的动作变化。因此，在慕尼黑巴伐利亚国家绘画收藏馆的《持康乃馨的圣母》和华盛顿国家美术馆的《抱婴圣母像》以及圣彼得堡艾尔米塔什博物馆的《伯诺瓦的圣母》中，圣母手中都拿着树枝或花朵给圣婴玩耍，这种表现方式只能来自对现实生活的观察。

相比之下，保存在温莎城堡的精美手部素描《三博士来朝》中的十八只手》，其中大量重复且循序的手部动作让人联想到《〈三博士来朝〉中的手部习作》，像是某种参考手册。如果我们仔细观察佛罗伦萨乌菲齐美术馆中那幅未完成的油画，便能从环绕圣母子的那一群旁观者中，发现存在于习作中的各种姿态的手，从素描到油画，这些描绘精湛的手不断出现，姿态优雅。温莎城堡藏品《手部习作》便是这位大师的一幅手部习作。画面的上半部分是一只右手贴着胸口，指

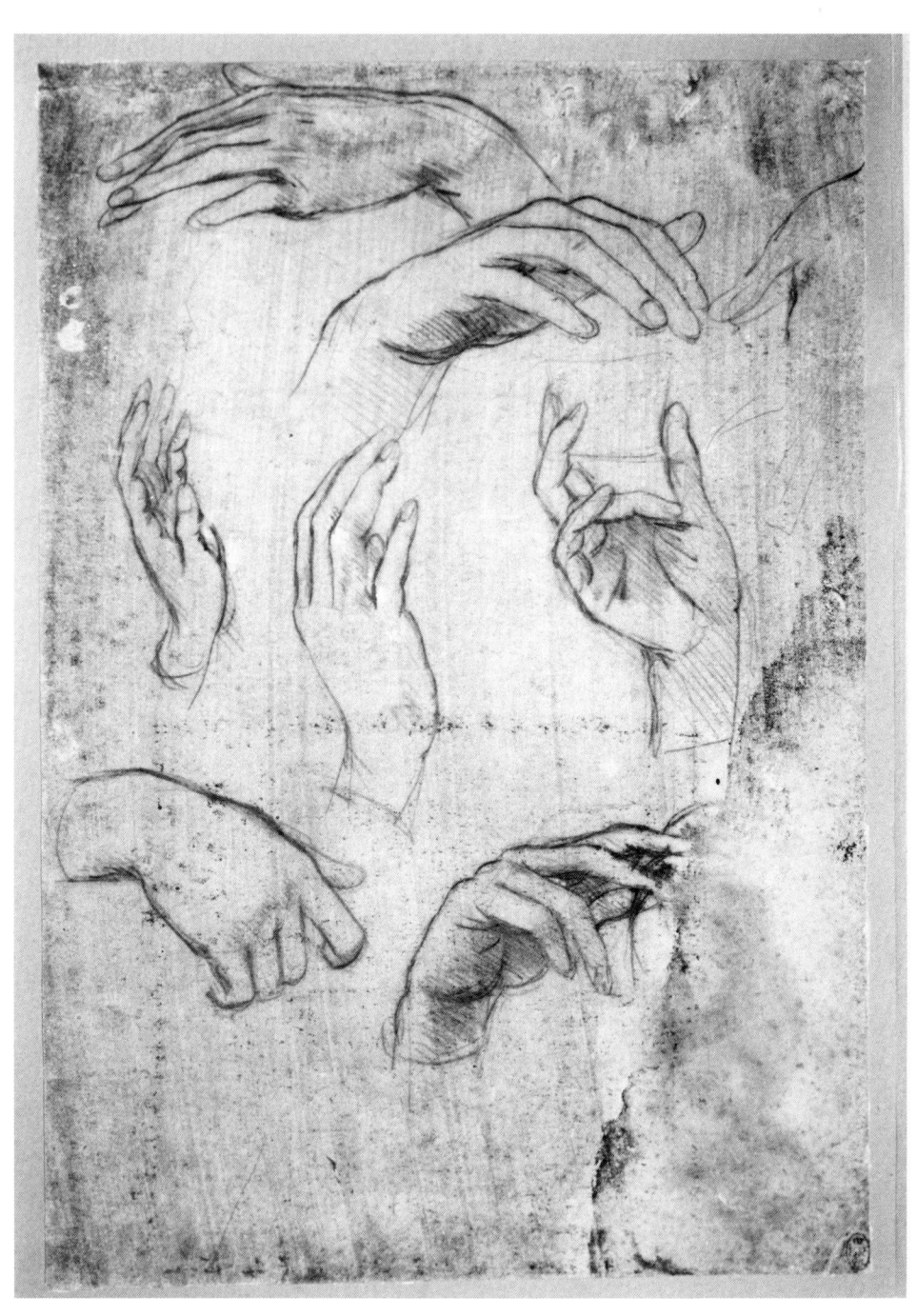

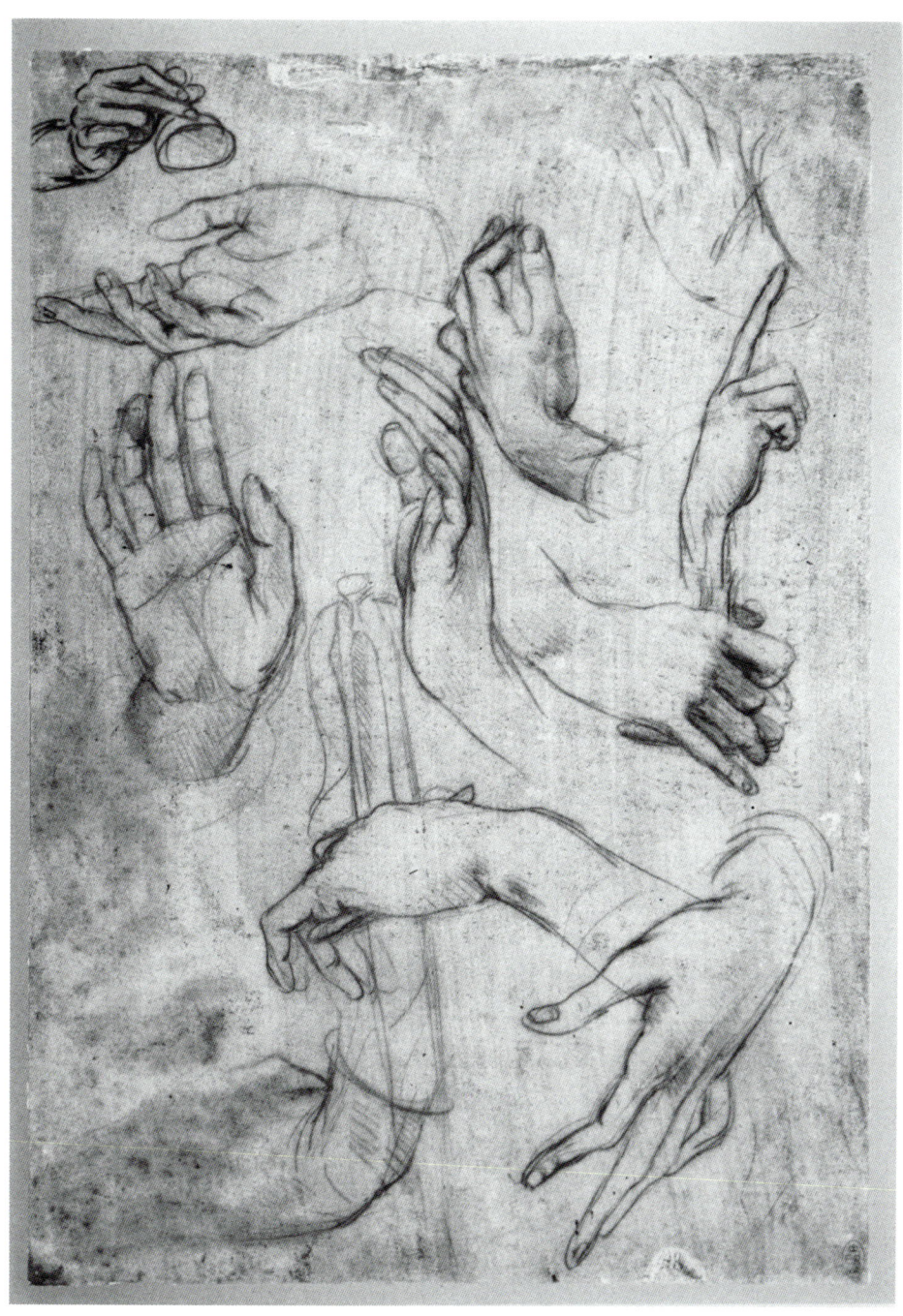

《三博士来朝》中的手部习作（约1480）
金属尖笔绘画，图片经紫外线照亮。此图右侧下方，可以看到与乌菲齐美术馆藏品《天使报喜》中圣母相似的手
温莎城堡，皇家收藏品，RL12615 和 12616

第一章　莱奥纳多最为优美的绘画作品

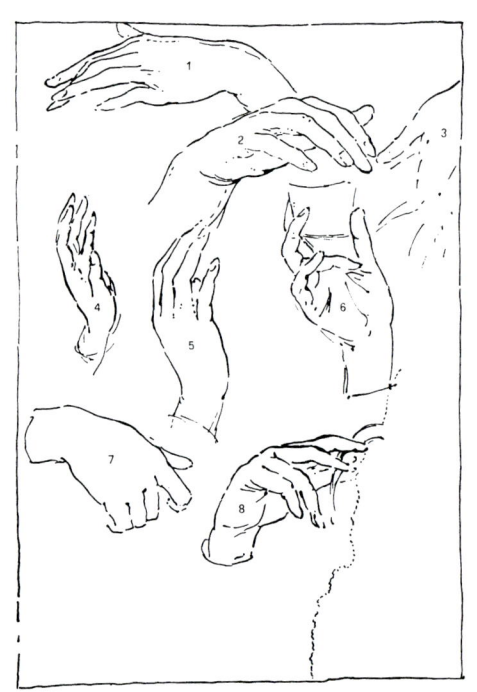
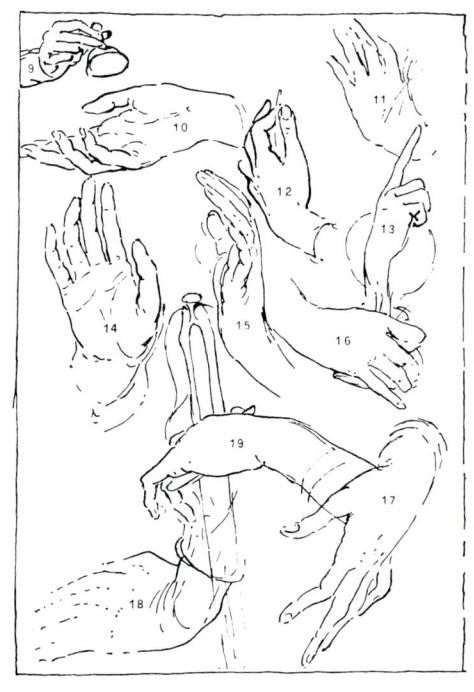

《三博士来朝》中的十八只手
描摹图
温莎城堡，RL 12615r 和 12616r

尖捏着的可能是一枝杜松或是一朵花，在画面中有很强的象征性。画面的下半部分是两只交叠着放在腿上的手。下方的左前臂在姿态和细节方面都精确、清晰，手指纤长、优雅，而右手则只有一个潦草的速写轮廓。在画面的左上方，有一个用细笔轻轻勾勒出的小小的男性头像。一开始，人们认为这幅素描是为《蒙娜丽莎》而作的手部习作，但《蒙娜丽莎》创作的时间更晚，且与此素描的风格不符。素描中纤长的手指更像是韦罗基奥的风格，从而可以准确地判定此作的时间是在第一个佛罗伦萨时期晚期。与此素描相关的作品可能有两幅：一是韦罗基奥创作的半身像《女士和她美丽的双手》，二是达·芬奇所作的肖像画《吉内薇拉·班琪》。

通过画面下半部分对手的表现和颇具代表性的修长手指，可以将这幅素描和达·芬奇的早期作品联系起来。据此，1998 年大卫·A. 布朗提出了这件作品的重构假说，也使得这幅作品的时间更加不确定了。根据形态的相似性和修长的手指这一特点，有学者提出了更具说服力的假设，认为这

手部习作(约 1478—1480 或 1488—1489)
金属尖笔,铅白加强,粉色背景纸,21.5 厘米 ×15 厘米
温莎城堡,皇家收藏品,RL 12558

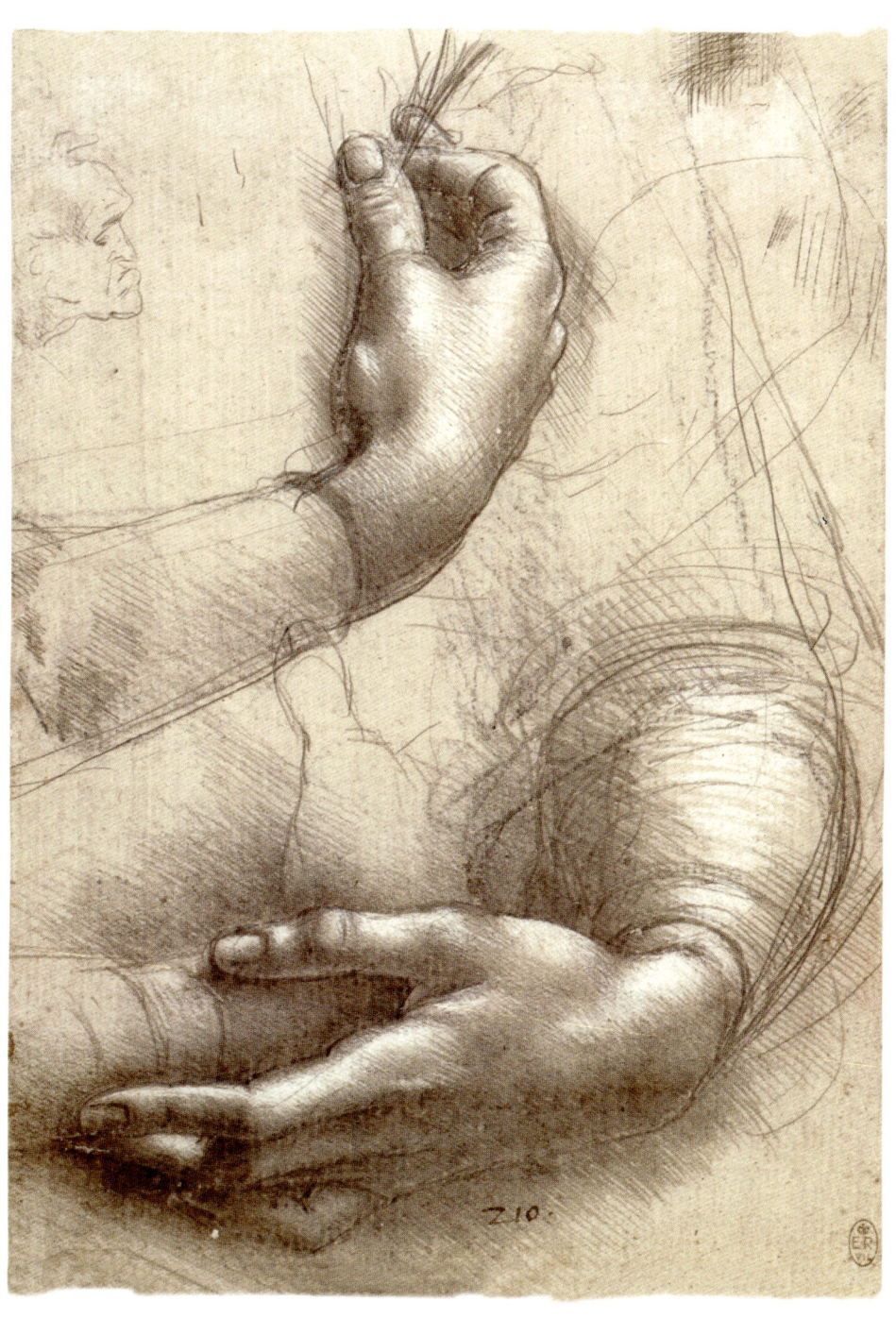

吉内薇拉·班琪（约1474—1476）
杨木蛋彩油画，38.8厘米×36.7厘米
华盛顿，国家美术馆，艾丽莎·梅隆·布鲁斯基金会

持花贵妇（约1475）
安德烈·德尔·韦罗基奥
大理石，60厘米
佛罗伦萨，巴杰罗美术馆

幅手部习作素描与韦罗基奥所作的大理石半身像有关。彼得罗·C.马拉尼认为这幅习作的时间更晚一些，大概在1488年至1489年，他指出这幅作品的风格和为斯福尔扎纪念碑所作的那幅蓝色背景纸银尖笔习作十分相似。另外，他还认为这幅手部习作和藏于波兰克拉科夫扎托里斯基博物馆的《抱银貂的女子》有所联系。的确，正是在米兰那段时间，达·芬奇描绘出了《抱银貂的女子》中切奇利娅·加莱拉尼那"爪子"一般的手指，和银貂相呼应。《最后的晚餐》中，人们往往会被画中人物那惟妙惟肖、姿态各异的手，以及产生这种姿态的内在动作深深吸引。同样，作为达·芬奇对韦罗基奥风格和类型独一无二的继承，温莎城堡这幅习作精美绝伦、摄人心魄，作为基本理念出现在达·芬奇的许多绘画作品中——证明了绘画大师达·芬奇作品中永不凋谢的雕塑之美。

三博士来朝
在红外线下显示的细节

施洗者圣约翰

安东尼奥·德·贝亚蒂是阿拉贡枢机红衣主教路易斯的秘书，在1517年时曾在克鲁克城堡评价《施洗者圣约翰》是"如此完美"，同时被如此盛赞的还有《蒙娜丽莎》和《圣安妮》。这幅作品曾被宫廷大臣利扬库尔的罗杰·杜普莱西送给英格兰国王查理一世。1649年查理一世被处决后，这幅作品又回到了法国，至此英国的皇家藏品渐渐被冷落。1666年，或由于马萨林从中游说，这幅作品成了埃弗哈德·雅巴赫的藏品之一，之后成为路易十四的皇家收藏，并最终在罗浮宫安了家。尽管一开始这幅作品的归属遭到了质疑，但通过艺术评论家的研究和多次特征分析，最终确认了这幅画是达·芬奇的亲笔之作。这是一幅颇能引人思索的作品：施洗者的半身像被置于黑暗的背景中，泛着光泽的皮肤和无柱十字则表明了他遁世圣人的神圣身份。画中人物颇具特点：躯干扭曲，富有动态，一只手放在胸前，另一只手的前臂和食指则指向上方，很好地平衡了整体姿态。大师笔下娴熟、精妙的光影落在圣人强壮的臂膀上，使整个形象从半暗中浮现，仿佛雕像一般。圣约翰平和的面庞上表现了典型的达·芬奇式画作的特点：若有似无的微笑，棱角分明、比例匀称的鼻子，颧骨下的一抹阴影衬托了脸颊，勾勒出了圣人的面庞。他眼里闪着愿与观者交谈的光芒，浓密、鬈曲的头发蔓延生长，和圣人扭曲动态的躯体交错缠绕。在威尼斯学院美术馆收藏的一幅素描中，手臂也以同样的姿态举起，食指指向上方。这幅作品表现了画家超高的绘画功底和杰出的绘画技巧。最终，素描中这只抬起的手臂止于衣袖的出现。很明显，这幅素描与现已失传的那幅天使画作有一定的关联，后者我们如今只能通过复制品和素描了解到。瓦萨里提到过："在这幅天使头像中，他的一只手臂抬起，从肩膀到肘部透视缩短，伸向前方，而他的另一只手放在胸前。"现藏于温莎城堡的RL 13248号藏品是一幅达·芬奇为《安吉里之战》而作的手稿，上面有一幅学生的速写。根据《大西洋古抄本》中的几何学习作，以及另外两幅学生的速写，可以断定这幅藏品的时间大概在1504年，也可以和《〈天使报喜〉中天使的手和左臂习作》联系起来。《天使报喜》中天使的几幅著名习作现分别藏于瑞士巴塞尔艺术博物馆（《施洗者圣约翰》复原后也已归还）、牛津的阿什莫林博物馆和圣彼得堡的艾尔米塔什博物馆。在一幅震撼人心的巴乔·班迪内利绘画作品中，有研究者发现了与达·芬奇理念相关联的直接证据，这幅作品的所在地目前还未知，已由佳士得拍卖行进行拍卖（1969年7月1日，批次119）。

在构图方面，达·芬奇对圣约翰做过数次创作，其形象也出现在了颇具争议的私人藏品《天使化身》中：事实上，画中人物还保留了青春的模样，五官精致，俊俏迷人。他一只手放在胸前，另一只手抬起，食指指向上方。他有种十分精湛的美，时刻准备着化身为阴暗的异教天使，没有象征身份的长袍和无柱十字，这位遁世的圣人表现出了同样含糊、微妙且色情的美。在这幅私人藏品中，若有似无的微笑变成了无耻的、讥讽似的冷笑，满怀爱意的目光被充满欲望的眼神代替，沉着而纯洁的姿态变成了充满肉欲的模样。模仿施洗者的素描和油画作品有很多，但没有谁能表现出达·芬奇画笔下的天使中那难以捉摸、模棱两可的特点，其中神圣和渎神似乎交织在一起，互相映衬。弗朗西斯科·鲁斯蒂奇创作的青铜群像《施洗者圣约翰向法利赛人和利未人布道》

天使化身（约 1513—1515）
局部
木炭，蓝色纹理纸，26.8 厘米 × 19.7 厘米
私人收藏（由洛杉矶的佩德瑞提基金会妥善保管）

天使化身（约1513—1515）
局部
木炭，蓝色纹理纸，26.8厘米×19.7厘米
私人收藏（由洛杉矶的佩德瑞提基金会妥善保管）

是对圣约翰形象的一次精彩诠释，作品于1511年完成，一直伫立在佛罗伦萨圣约翰洗礼堂的门前，达·芬奇第二次旅居佛罗伦萨期间对其作品中的人物形象产生了兴趣。

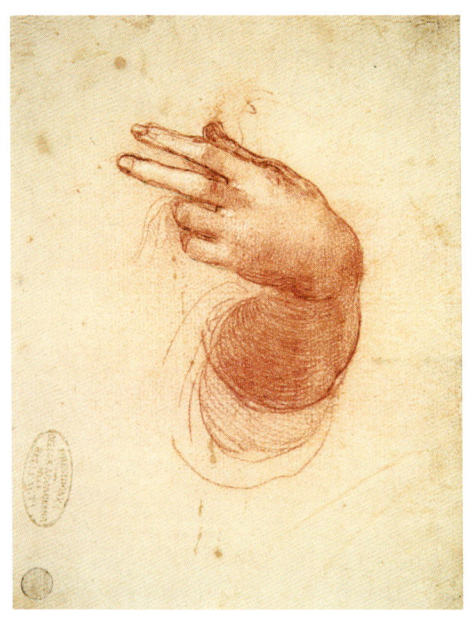

《天使报喜》中天使的手和左臂习作
（约 1504—1506）
金属尖笔，红色铅笔，加粗，22.3 厘米 ×16.2 厘米
威尼斯，学院美术馆，inv. 138

施洗者圣约翰（约 1509）
木板油画，69 厘米 ×57 厘米
巴黎，罗浮宫

报喜的天使（约 1515）
巴乔·班迪内利（晚于达·芬奇）
羽毛笔和墨水，35.6 厘米 ×26.5 厘米
收藏地点未知

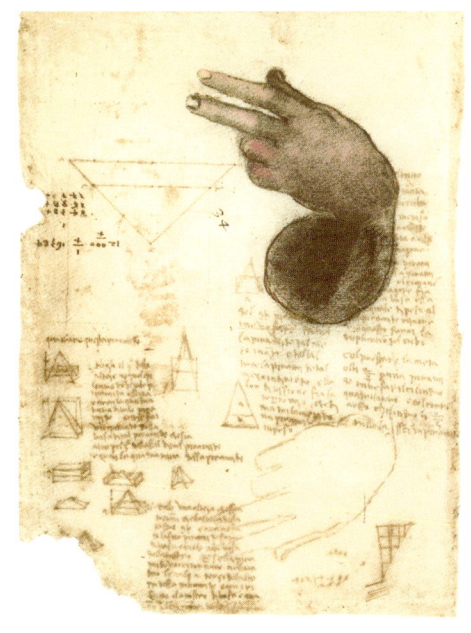

在达·芬奇几何学习作图上学生的素描（约 1504）
羽毛笔和颜料，26 厘米 ×18.5 厘米
米兰，盎博罗削图书馆，大西洋古抄本，f. 146r-b [395b-r]

怪诞讽刺画

左图:**老年男性侧面讽刺画（转向左侧）**
（约 1490）
红色铅笔，18.2 厘米 ×10.5 厘米
罗马，素描与版画工作室，inv. 31645v

右图:**肥胖男性侧面像（转向左侧）**
镜像
16 世纪晚期，黑色铅笔，14.2 厘米 ×8.5 厘米，
纽约，纽约公共图书馆，斯宾塞藏品，II.46

正如卡洛·佩德瑞提所强调的，怪诞讽刺画的美不在于其主题，而在于其高标准。根据《绘画论》中第 51 段的释义，达·芬奇认为，"美与丑对比之下越发使人印象深刻"，在此我们当然不可能不谈这种对比。佩德瑞提还谈到了藏于罗马素描与版画工作室的怪诞肖像画《老年男性半身坐像》，他认为，鉴于画中老人的坐姿——躯干、手臂和腿以四分之三的角度偏向左侧，头部则转向右侧，像是右侧有人正在与他交谈——最好将这幅肖像看作某幅更大的作品的一部分进行分析。后来，学者将这幅肖像和达·芬奇在米兰的备忘录联系起来，达·芬奇在 1508 年手稿 F 的封面内页写下了一段话，大意是："每个星期六去沸泉河，你都能看见裸体的人。"

因此，达·芬奇经常出入"沸泉河"（配备热水设施的公共浴室）很可能是出于对现实生活进行观察和研究的

老年男性半身坐像（约 1490）
红色铅笔，18.2 厘米 × 10.5 厘米
罗马，素描与版画工作室，inv. 31645r

怪诞五人像（约 1495）
羽毛笔，墨水，白纸，20.5 厘米 × 26 厘米
温莎城堡，皇家收藏品，RL 12495

怪诞五人像（中心角色头戴桂冠并转向右侧）（16 世纪）
匿名作者（晚于达·芬奇）
羽毛笔和墨水，深褐色水彩，黑色铅笔勾边，白色加强，21.55 厘米 × 18.4 厘米
巴黎，罗浮宫，图像艺术馆，inv. 2516

目的。这幅夺人眼球的肖像画中老人的姿势成了继《圣母像》之后达·芬奇作品中另一个经常出现的姿态。另一幅作品《怪诞五人像》则更加复杂，其中描绘了五个怪诞的人物。画面中心是一个背对着观者的人物，他头戴栎木枝叶缠绕而成的花冠，形象怪异而夸张，眼睛看着画面右侧。离他很近的是一个同样怪诞的老年女性形象，她的嘴巴很大且向外突出，还长着扭曲、变形的鼻子，如此一来，用以塑造她女性形象的鬈曲长发和缠绕在额前的精美发绳便显得无用了。她的手放在中间人物的背上，像是在催促他向右走，想要将他推出画面。左手边稍远处，第三个人物也同样怪异，而且看起来甚是邪恶，只有绑在头上的摩尔式流苏头巾还显得有点人类的气息。正是这条头巾表明了这个形象或许为女性，而站在她身后的生物则有一张恶魔似的脸，他的头朝后仰着，头发蓬乱，透过大张着的狂笑的嘴巴甚至能看到他的咽喉。

这幅作品让人想到米兰作家格瓦尼·保罗·罗玛兹文章中的一段话，他说达·芬奇想要画大笑着的农夫："他挑选了一些他认为能够达到自己目标的人，想办法跟他们熟络起来，

新娘和陪伴她的傧相讽刺画（约 1495）
羽毛笔和墨水，26.2 厘米 × 12.3 厘米
温莎城堡，皇家收藏品，RL 12449 ▶

怪诞头像（晚于达·芬奇，1603 年之后）
彼得·保罗·鲁本斯
羽毛笔和墨水，29 厘米 × 20 厘米
维也纳，阿尔贝蒂娜博物馆，inv. 17615

然后通过自己的一些朋友组织了一次晚餐聚会；他和农夫们近距离地坐下来，讲各种疯狂、离奇而荒诞的故事给他们听，让他们不由自主地疯狂大笑。在讲述这些荒诞、离奇的故事时，他会全程仔细观察他们的动作。农夫们离开后，他回到自己的房间，完美无瑕地描绘出农夫的样子，其他人看到也会肆无忌惮地大笑，仿佛他们亲临了莱奥纳多的晚餐聚会，亲耳听到了那些荒诞故事一样。"

藏于温莎城堡的那幅画描绘的

第二章 从素描到油画

怪诞男性半身像（转向右侧）（约1505）
木炭，少量铅白，有转绘时留下的穿孔轮廓，38.2厘米×27.5厘米
牛津，基督堂画廊，inv. 0033（JBs 19）

"愚人之舟上的欢乐合唱"的旁观者，借用塞巴斯蒂安·布兰特的话就是那个寸发不生的老年男性，他面向观者，脸上露出讥讽的冷笑，像是在嘲弄发生在眼前的这荒诞的一幕。

这幅作品中夸张的表现手法也在达·芬奇之前的其他作品中出现过，但在这里，这些人物形象互相作用，从而表现了动态的怪异和荒诞。很明显，这幅作品中的人物表现了不同的情绪，其中头戴王冠的男人似乎是这些情绪的核心，而其他角色则环绕在他周围。肯尼斯·克拉克和卡洛·佩德瑞提都强调了达·芬奇的这幅作品和佛兰德的作品描绘的所谓"虚伪婚姻"之间的相似性。后者有两个已知的版本：一版是对垦丁·马赛斯前作的模仿；另一版通过雅各布·赫夫纳格尔之作流传了下来，后者描绘了所谓的"不般配的一对"，并因温塞斯拉斯·霍拉的雕刻作品而为人所知。另外，这两位学者还特别提到了达·芬奇《怪诞五人像》中最左边的人物和婚礼讽刺画中人物的一致性，并指出这对分析达·芬奇同类型的其他作品也有一定的启发作用，比如温莎城堡藏品RL 12447，尤其是《新娘和陪伴她的傧相讽刺画》。卡洛·佩德瑞提还指出，《新娘和陪伴她的傧相讽刺画》可能是构成《怪诞五人像》完整的一部分，认为画面中戴头纱的老年女性就是新娘，一位傧相正挽着她，而新郎及其周围怪诞的同伴正等着新娘的出现。通过现藏于维也纳阿尔贝蒂娜博物馆的鲁本斯摹本，实际上可以确定我们对《新娘和陪伴她的傧相讽刺画》中两个形象的联想和分析。彼得·保罗·鲁本斯作品中的傧相正把一枚戒指交给新娘，从而强调了婚戒的存在。在个体形象方面，现藏于牛津大学艺术画廊的这幅精美作品在撼动人心方面绝不输于其他作品，其中达·芬奇描绘了一幅几乎真人大小的怪诞头像：1938年伯纳德·贝伦森指出这幅作品是吉卜赛人之王——斯卡利缪西亚的画像，并属于瓦萨里的藏品之一。画像中头部的姿势颇具动感：背对着观者的视角，低领衣物露出的部分肩膀和粗壮的脖颈，以及毫不遮掩的夸张特征，还有凌乱的头发和厚实的发结。正如作品上的穿孔轮廓所暗示的，这幅素描注定要变成油画。

圣安妮

圣母子与圣安妮（约1510—1513）
局部
木板油画，168厘米×130厘米
巴黎，罗浮宫

1517年，安东尼奥·德·贝亚蒂成为阿拉贡枢机主教的随从人员，他在前往位于克卢克城堡的达·芬奇居所时，曾描述过《圣安妮》这幅作品。达·芬奇去世后，这幅作品，连同他留下的其他油画、素描、笔记、模型、工具及手稿，全部由弗朗西斯科·梅尔齐带回了意大利。梅尔齐去世后，他的后人卖掉了这幅油画，就像达·芬奇遗留下的其他所有珍宝一样。最早应该是在1629年，这幅作品又重现世间，成了卡萨莱蒙费拉托的枢机主教黎塞留的藏品之一，并于1636年将其作为礼物赠给法国国王路易十三。这幅作品的中心是两个坐着的人物，圣母玛利亚坐在圣安妮怀中，温柔地伸出双手，想要抱起正在和小羊羔玩耍的圣婴。圣安妮是画面中的首要人物，场景围绕她展开：她安然地看着眼前发生的事情，神情镇定。圣母的形象清秀、细腻，伸出手去抱圣婴的姿势使得她越发贴近现实。画中人物优雅地坐在一块凸出的岩石上，身后的风景徐徐蔓延至地平线，能看到远方的瀑布，积雪覆盖的山峰高耸入蔚蓝的天空，掩映在泛着蓝色的迷雾中。这画面真正实践了阿尔伯蒂提出的那条标准，达·芬奇自己也曾引用过："五倍远的事物自然也要五倍模糊。"

罗浮宫这幅藏品中无与伦比的美表现在其力量线条的分布。两位母亲的头部和圣婴的头部几乎呈对角线排列，且与圣母的手臂和右腿的方向保持一致。《安吉里之战》中，画家通过向中心方向推进的线条来表现人和马混乱纠缠，从而表现了战斗的激烈；而在《圣母子与圣安妮》中，力量线条的布局方式则完美地表现了画中各部分的平衡状态。圣母和她想要揽入怀中的圣婴是一对主要角色，针对画中人物在大幅度动作进行的过程中，或在动作完成后，在身体收回之后是否能通过动态平衡保持稳定，画家对此做了研究。圣母的身体向前倾斜，头部需要向后运动才能确保回到原来的姿势。同时，这个姿势也成为增加作品中图像意义强度的手段。

达·芬奇对《圣母子与圣安妮》的构思历经十多年的草图和素描创作，在如此漫长的时间里，画中人物的互动也发生了一些变化。尤其是，在藏于伦敦国家美术馆的《伯林顿府（草图）》中，加入了圣婴耶稣的形象，而在罗浮宫的油画版本中加入了一只小羊羔。有关圣安妮主题作品的第一份证据，是1501年于佛罗伦萨展出的一幅现已失传的草图，这幅作品是为圣母忠仆会的圣母领报大教堂创作的。诺韦拉腊的加尔默罗修会修士彼得罗于1501年4月3日向曼图亚侯爵夫人伊莎贝拉·迪·埃斯特报告："回到佛罗伦萨以后，他完成了草图：其中大约一岁的耶稣基督几乎挣脱母亲的怀抱，紧紧地抓着一只小羊羔。母亲也快要离开圣安妮的怀抱，伸出手准备抱回她那抓着羊羔（象征耶稣受难）的孩子。圣安妮很明显也已经离开了原来的位置，好像要阻止女儿抱回抓着羊羔的耶稣，这或许象征着不愿阻碍基督受难的教会。这些形象都如真人大小，在小小的草图中，他们或坐立或弯腰，都面朝左侧看着下一个人物——这幅草图还未完成。"

达·芬奇离开佛罗伦萨之后便失去了联系，圣母忠仆会的修道士们不得不将工程委托给菲利皮诺·利皮，在他死后又由佩鲁吉诺接手。无论如何，这幅草图的影响不可小觑。具体姓氏不详的卡地亚诺在他的达·芬奇传记中也提到了这幅草图："他的素描作品极其美妙，其中一幅尤其引人注意，那就是去了法国的圣母玛利亚和圣安妮。"瓦萨里也着重描写了这幅草图："他回到佛罗伦萨，发现圣母忠仆会已将圣母领报大教堂主祭坛的油画工作交给了菲利皮诺·利皮。之后达·芬奇得知他可能会承担类似的工作。菲利皮诺·利皮则表示非常理解，而且非常绅士地放弃了：之后修道士们为了让达·芬奇完成这项工作，接他来到佛罗伦萨，并为他和他的家人提供食宿且各项费用全包。因此，他在佛罗伦萨度过了很长一段时间，但一直没有开始展开工作。这段时间里，他绘制了《圣母子与圣安妮》的草图，并未给其他艺术家留下深刻印象。不过在草图完成后的两天里，男女老少纷纷前来观看，如同参加庄严、肃穆的宴会，只为一睹达·芬奇笔下那惊艳四座的神圣画作。"但是，瓦萨里在他的描述中提到了草图中还有圣婴耶稣和小羊羔，让情况更加复杂："圣婴耶稣正和一只小羊羔玩耍。"如此一来我们便可以假设还存在第三幅草图，不过也已失传，除非存在误解，鉴于阿雷佐的建筑师并未亲眼见过这幅草图，那么，达·芬奇为圣母忠仆会所作的第一幅草图一定与加尔默罗会修道士的描述一致，这幅草图展现了或将采用的方案，同时又有惊人的变化，而且之后很快受到了达·芬奇的追随者的模仿。这或许能够解释布雷西亚尼诺所创作的油画中圣婴耶稣和羊羔这一主题的来源。如果把它看作对达·芬奇最后一幅草图的忠实的模仿，并且把它和罗浮宫的油画联系起来，便会发现这幅作品还影响了现藏于普拉多博物馆的拉斐尔作品——1507年的《圣家族》。从切萨雷·达·塞斯托的《阿尔巴圣母》中，我们能看到达·芬奇和这位来自翁布里亚的画家的影子。

据猜测，达·芬奇回到米兰后，在1506年—1513年他第二次旅居米兰期间，便开始创作《圣母子与圣安妮》这幅油画的新版本，这一版本与《伯林顿府（草图）》一致。画面由两个坐着的人物构成，也就是坐在圣安妮腿上的圣母和圣婴。其中人物形象的布局更加稳定且令人印象深刻，不仅能够随意移动，而且与多岩石的环境更加契合。透过厚重的衣物褶皱，下方的肢体显现，通过精确无误的达·芬奇式层次渲染，所有细节都显得颇具动态。

这幅作品的中心人物是圣安妮，她同时也奠定了整个画面的中心。圣母的上半身和下半身反转扭曲，颇具活力；圣婴四肢伸展，充满生气，将其他人物和圣约翰联系起来，就像佛罗伦萨世俗生活中惹人怜爱的孩子。作品构图呈对角线和十字线形，表现了人物姿势动作的动态和活力，几位圣人面庞上的层次渲染在粗糙的岩石对比下显得越发精致。一些文献研究已经证实，伦敦国家美术馆的藏品可能来自米兰，雷斯塔神父在一封给乔瓦尼·彼得罗·贝洛里（1613—1696）的信中说道："1500年之前，路易十二曾收到一幅出自达·芬奇之手的《圣安妮》草图。达·芬奇当时住在米兰，并在米兰创作了第一幅草图，后为米兰的安科纳提伯爵所有。"一些衣物褶皱习作表明，直到在法国的最后几年，达·芬奇还在创作这幅作品，其中用黑色炭粉在特制纸上绘制衣物褶皱颇具达·芬奇法国后期的特点。艺术评论家们一直好奇为什么达·芬奇放弃了古典风格的构图方式，比如在伦敦大英博物馆那幅草图中所做的尝试，而转向了油画中难度更大也不易成功的构图方式。或许我们可以从圣母的衣物褶皱中找到答案，这是达·芬奇一直没有完成的部分，也引起了各种离奇的猜测。比如有人提出从中可以看出一只猛禽的轮廓，从而表明了某种微妙的心理学影射。从

圣母子与圣安妮和圣婴耶稣习作及机械习作（约1505—1508）
局部
羽毛笔，墨水，木炭，加粗，26.5厘米×19.9厘米
伦敦，大英博物馆，inv. n. 1875, 0612.17r ▶

伯林顿府（草图）（约1508—1510）
木炭，白垩粉加粗，绘于蒙在画布的纸上，14.2厘米×10.5厘米
伦敦，国家美术馆，inv. NG6337

现藏于威尼斯学院美术馆和温莎城堡的素描中可以看出，达·芬奇对衣物褶皱部分进行了许多深入的创作，这部分本应是达·芬奇最后完成的重要元素。这些素描是达·芬奇描绘圣婴的部分习作，用红色炭粉绘在特制纸上，达·芬奇对这一技法的使用主要是在1506年以后，尤其是1510年至1511年。

在这些素描中，温莎城堡的RL 12530可谓是表达细腻程度方面的奇迹，完美地呈现了圣母腿上那难以名状的织物的质地，在一定程度上让人想到米开朗琪罗。另外，作品中对静态平衡机械法则的应用可谓令人赞叹，使得人物身体不受制于改变其休憩状态的力，这样在运动之后便

能回到原本的状态。这一原则也适用于伦敦国家美术馆收藏的《圣安妮》草图：圣母坐在她母亲的腿上，身体前倾，想要将圣婴抱离婴儿圣约翰。其他一些初步习作也可能和这幅草图有关，尤其是大英博物馆加利西翁收藏的素描，其中有圣母、圣安妮、圣婴，这幅作品或许可以和罗浮宫及温莎城堡的另外两幅类似习作联系起来。

在伦敦国家美术馆这幅素描中，画中人物构成矩形——时间大概在1504年左右的几幅勒达跪像习作（现藏于温莎城堡）也是如此——标志着这幅作品的出众之处，也说明了这一版本即将完成。现已证实此作的风格属于第二个米兰时期，那么便可

罗浮宫圣安妮的头部习作（约1510）
红色铅笔，木炭，羽毛笔和棕色墨水，20.3厘米×15.6厘米
纽约，大都会艺术博物馆，哈里斯·布里斯班·迪克基金会，inv. 1951.51.90

以确定其中的机械装置速写《液压轮、砂轮和一些支撑架》大概可以追溯到1506年—1510年。这幅素描基本确定了草图的最早时间，也就是1508年—1510年。近期，有学者提出素描和草图的时间应该再早一些，大概在"1500年左右"，这一理论不仅排除了艺术风格因素，还无视了将时间定在1508年左右的毫无争议的技术分析，也是卡洛·佩德瑞提早在1953年就一直坚持的观点。

无可非议的技术细节观察也更加肯定了这位学者的观点。在1982年温莎城堡版的风景、植物和水素描全集中，他提出重构大英博物馆的手稿藏品，与温莎城堡 RL 12666 残片进行整合。另外，在他1982年一篇题为《关于这些大有用途的物体的知识》的解读达·芬奇的文章中，似乎也确定了这一点。其中他提出了重建达·芬奇笔记中已失传的两行诗的可能性，这份笔记始于大英博物馆的素描，终于温莎城堡的残本："制作利用此物可以使水 [has such a power / to hollow the bottom]①的锁。"

在1988年出版的《莱奥纳多·达·芬奇学术报》第一卷的"补遗和勘误"部分中，有证明两幅素描纸质完全一致的详细技术信息，且与素描和残片透射光照片测试的结果

---

① 方括号中斜体字已失传。——原书注释

圣母子与圣安妮（约1510—1513）
局部
木板油画，168厘米×130厘米
巴黎，罗浮宫

保持一致。另外，马丁·肯普在他1981年的著作中写道："根据其风格可以确定，藏于伦敦大英博物馆的草图时间不会早于1507年，尽管很多研究都试图将这一时间提早到1499年。"技术测试与风格分析的结果一致，消除了佩德瑞提近期提出的所有疑问："特别是，根据风格可以确定其时间晚于斯福尔扎时期。1950年波帕姆和蓬塞已经非常明确地提出了这一论点，之后佩德瑞提在1951年和1953年也提出了相同的观点；在1968年发表于《伯灵顿杂志》的文章（110期，222-228页）中萨拉·坦格里亚拉更巴也表达了这一观点。同年肯尼斯·克拉克（和萨拉·坦格里亚拉更巴）在《温莎目录》中，以及之后萨拉·坦格里亚拉更巴在1973年及1982年出版的《达·芬奇：年表和风格研究》《温莎风景画素描全集》中也重申了同样的观点。甚至到近期，还有其他学者提出同样的观点。"

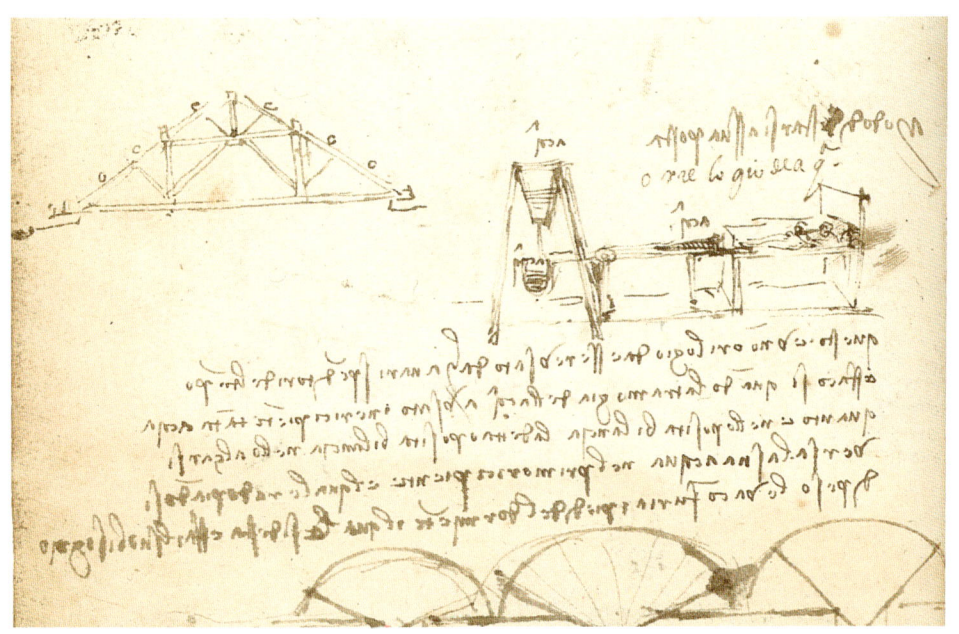

机械叫醒装置（约 1487—1490）
局部
羽毛笔，墨水，16.7 厘米 ×23.1 厘米
巴黎，法兰西学会，手稿 B 中的 f. 20v

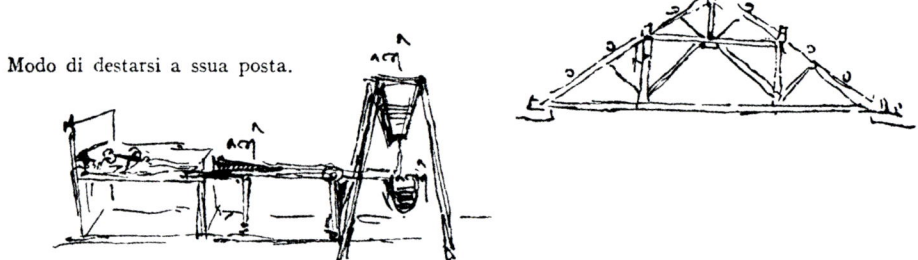

Modo di destarsi a ssua posta.

Questo è uno orilogio da essere usato da li avari spenditori del tenpo,
e ffa' così: quando la tramogia dell'acqua à versato ine' ricipiente tanta acqua
quanto è nell'oposita bilancia, la detta oposita bilancia nello alzarsi
versa la sua acqua nel primo ricipiente, el quale radopiandosi
di peso, leva con furia i piedi del dormiente, il quale si desta e ffa il suo bisogno.

上图中装置的详细说明，出自 1941 年 Commissione Vinciana 版。

最后的晚餐

"在米兰，他还为天主教恩宠圣母教堂的多明我会修道院创作了一幅《最后的晚餐》，精美之至，令人称奇。他笔下的使徒高贵且精美，显得基督的形象都不够完美，因为他认为自己无法呈现基督形象所应具备的神圣与高贵。"这段话出自乔尔乔·瓦萨里的《生平》（1568），其中他提到了达·芬奇《最后的晚餐》所获得的巨大成功。根据图中扇形窗上水果花环中间的盾形纹章，可以得知此作是奉卢多维科·斯福尔扎之命，为恩宠圣母教堂的多明我会修道院的餐厅创作的壁画。根据卢卡·帕乔利在献给卢多维科的《神圣比例》中所证实的，这幅作品大约完成于1498年2月8日。尽管由于达·芬奇采用了在石膏上用蛋彩和油画颜料作画的方式，《最后的晚餐》在历经好几个世纪之后受到了损毁，并且面临着很严峻的保存问题，但它的魅力却未减半分。从全景来看，这幅作品的背景中有三扇大开的窗户，在整体感觉上加大了餐厅的实际空间，也给观者以更大空间的错觉。画家采用了半身像的方式来表现人物，非常引人注目，其笔下的人物从心理学和解剖学层面看来，都表现了前所未有的精准。达·芬奇呈现出一个非常具体的时刻：当基督说"我确切地告诉你们，你们中有一人将背叛我"（《马太福音》，第26章14-25行）时，使徒中间发生的变化，就好像基督是某种情感的中心，他的话带来的声波震动向外传去，引起了长桌两边圣徒们的情绪变化，以及相应的姿态和动作变化。通过几幅初步习作可以看出这幅作品的布局，其中圣长雅各伯和腓力都是非常英俊的年轻男性形象，面容清秀、怡人。圣长雅各伯的气质则非常阳刚，尽管画家赋予了他清秀的接近女性化的特征，即蓬松、鬈曲的秀发和因惊讶而张开的嘴巴，还有他坚定的眼神和皱起的眉头。头部的细腻精致和肩膀及右手——明显的男性化特征——形成了对比，肩膀和右手的轮廓线条非常细，几乎觉察不到。在这幅素描中，这位使徒的形象比恩宠圣母教堂的多明我会修道院壁画中的形象更加年轻。下左方钢笔墨水绘成的建筑草图可能是不久之后加上去的，是为某座堡垒角楼——很可能是斯福尔扎城堡——设计的立面规划图。很多学者指出，这幅素描结合了达·芬奇在米兰的两个主要兴趣点：人物和建筑。因此，这幅作品可以看作达·芬奇在当时的

最后的晚餐（约 1495—1497）
石膏蛋彩画，460 厘米 × 880 厘米
米兰，恩宠圣母教堂的多明我会修道院

最后的晚餐中圣长雅各伯习作（约 1495—1497）
局部
石膏蛋彩画，460 厘米 × 880 厘米
米兰，恩宠圣母教堂的多明我会修道院

手稿《大西洋古抄本》f. 147r-b [399r]中所提出问题的答案："美和实用不能像在堡垒和人体中同时存在吗？"在温莎城堡藏品《〈最后的晚餐〉中使徒腓力习作》中，年轻使徒腓力的头部具有女性化的特征且偏向前方，角度稍偏向下方，几乎是侧面像。这幅作品完美地呈现了解剖学的意义，使他的脸庞看起来仿佛陷入了恍惚。

与使徒圣长雅各伯的习作素描不同，腓力的习作素描和油画之间在构图上有几处区别不是很明显。另外，这幅素描的风格和技法，以及中间过渡性版本的缺失，可以确定这幅素描和壁画创作的时间非常接近。素描中圣长雅各伯呈微微退后姿态，画家强调了他脖子和头部的线条，使他表现出想要远离的样子；与之相反，使徒圣腓力的头部则微微前倾，侧向一边，下巴稍稍抬起。这个动作使得他的头发向前落下，笼罩了脸部轮廓，而且让人觉得他是在正发生的事件和随之而来的情绪的双重作用下突然做出的举动。年轻使徒腓力的面容也十分美丽：五官匀称、精致，鼻梁挺拔，嘴巴轮廓分明，下巴则微微侧向一边，姿态优美。他的眼睛看向上方，仿佛在思考着什么，光与影的完美平衡让这双眼睛显得尤为传神，令人动容，秀发衬托下的完美脸庞有一丝女性的柔美。左边肩膀的线条并没有改变他的姿态，脖子和头部微微前倾，刚好定格了他震惊的一瞬。

最后的晚餐中使徒腓力习作（约 1495—1497）
局部
石膏蛋彩画，460 厘米 × 880 厘米
米兰，圣母恩宠教堂的多明我会修道院

《最后的晚餐》中使徒腓力习作（约1495）
木炭，19厘米×15厘米
温莎城堡，皇家收藏品，RL 12551

《最后的晚餐》中圣长雅各伯习作及建筑草图（约1495）
红色铅笔，羽毛笔，墨水，25.2厘米×17.2厘米
温莎城堡，皇家收藏品，RL 12552

勒达与天鹅

勒达与天鹅（约 1505—1507）
拉斐尔·圣奇奥（晚于达·芬奇）
羽毛笔，墨水，粉笔，31 厘米 × 19.2 厘米
温莎城堡，皇家收藏品，RL 12759

勒达与天鹅（约 1505—1507）
匿名艺术家（晚于达·芬奇）
木板油画，130 厘米 × 78 厘米
佛罗伦萨，乌菲齐美术馆

《勒达》原作早已失传，如今我们只能通过各种临摹品去了解它。阿诺尼莫·加迪亚诺在 1545 年的写作中提到过它，乔万尼·保罗·洛马佐在 1584 年也提到过这幅作品。1625 年卡西亚诺·德尔·波佐在枫丹白露曾目睹过原作，但当时该作品已经严重损坏。根据后来的文献记载，此作在 1755 年之前已经失传。但这幅作品肯定存在若干幅初步习作草图：众所周知，藏品丰富的安科纳提收藏品中有一幅《勒达》的草图，1721 年由米兰的卡斯那蒂家族购得。

从现存的围绕《勒达》这一主题

第二章　从素描到油画　135

女性头部及发式习作（约 1504—1506）
羽毛笔，墨水，黑色铅笔，17.7 厘米 ×14.7 厘米
温莎城堡，皇家收藏品，RL 12518

创作的素描和各种临摹品中，我们可以推断出，达·芬奇当时尝试了两种布局方式：他首先采用的是跪着的勒达这一版本，如 1505 年—1510 年一系列素描习作中所示。之后，达·芬奇创作了另一个版本，其中勒达是站立的，这一版本有三幅变体分别藏于佛罗伦萨的乌菲齐美术馆、罗马的波格赛美术馆和索尔兹伯里的威尔顿庄园。几乎可以肯定的是，后一个版本取得了巨大成功，这一点可以从达·芬奇的追随者、拉斐尔和巴

女性头部及发式习作（约 1504—1506）
羽毛笔，墨水，黑色铅笔，17.7 厘米 × 14.7 厘米
温莎城堡，皇家收藏品，RL 12518

达·芬奇所作勒达的雕版（1812）
乔瓦尼·温德拉米尼
伦敦

达萨雷·佩鲁齐等同时代艺术家所创作的衍生品所取得的反响中看出。在现藏于温莎城堡的《女性头部及发式习作》和《勒达发式研究习作》中，以及米兰斯福尔扎城堡收藏的精湛的女性头部画作中，达·芬奇尝试了几种繁复的女性发式，很可能是受到了文艺复兴时期贵族及宫廷女性流行发式的启发。

《女性头部及发式习作》这幅素描中，有一段达·芬奇的笔记："可以摘下或戴上，不会被破坏"，似乎说明了这款有重叠发辫的复杂发髻实际上是一顶假发，正如笔记中所说，可以摘下再戴上而不会被破坏。我们

已经知道，达·芬奇经常在宫廷参加不同的表演和宴会活动，自然要穿上精心剪裁的礼服，还要戴上新颖、时髦的假发。假发除了用于表演之外，高级娼妓们也经常佩戴类似的假发：彼得罗·阿雷蒂诺的《模式》中便是这样描绘那些奢靡无度的情妇的。此作于 1524 年首次出版，之后在 1527 年又以《猥亵十四行诗》的名字再次出版。德文郡公爵藏品中的《勒达跪像习作（有孩子和天鹅）》素描是继鹿特丹那幅令人赞叹的素描在近期的复原工作中被损毁之后，最为精美、细致的勒达跪像之一，其创作可以追溯到 1505 年—1510 年。艺术评论家

第二章　从素描到油画

女性头部及发式习作（约 1504—1506）
羽毛笔，墨水，黑色铅笔，9.2 厘米 ×11.2 厘米
温莎城堡，皇家收藏品，RL 12515

勒达发式研究习作（约 1504—1506）
墨水覆盖黑色铅笔，20 厘米 ×16.2 厘米
温莎城堡，皇家收藏品，RL 12516

认为，其中完美、动人的流线型女性身体似乎是对神圣的天鹅那扭转的颈部的某种重现和反映。藏于查茨沃斯庄园和鹿特丹的两幅素描构图开阔，且勒达为正面蹲伏的姿态，像是准备站起身来，极富活力，画面中毫不掩饰地展示了勒达的裸体。她正爱抚着天鹅修长且灵活的脖颈。这两幅素描融合了达·芬奇当时所掌握的解剖学和机械学知识。有学者认为这两幅作品代表了向最终站立版本的勒达像的过渡阶段。在最终版本中，站立的女性形象以其左膝为支点，表现了达·芬奇娴熟的技巧和从容。达·芬奇另辟蹊径，摒弃了16世纪同类作品中表现这对爱侣交融结合的一贯方式，选择将焦点放在这一充满情欲的瞬间和母性上，让我们看到了这位斯巴达公主性感、可爱的一面。画面中勒达稍稍扭曲的身体有着女性的曲线美，她一边轻抚天鹅的脖子，同时温柔地望着她的孩子。类似沼泽的自然环境仿佛也在温柔地欢迎这对爱侣和他们神圣的孩子的到来，并为他们提供了庇护。自然环境背景中丰富的细节和鸟瞰视角下宽广的背景放大了画面，展露出勒达与朱庇特之爱所带来的沉静启示。

勒达跪像习作（有孩子和天鹅）（约 1505）
黑色铅笔，墨水，白纸，15.5 厘米 ×14 厘米
查茨沃斯庄园，德文郡公爵收藏，inv.717

女性半身像习作｜勒达站立像习作（约 1508—1510）
红色铅笔，红色背景纸，20 厘米 ×15.7 厘米
米兰，斯福尔扎城堡，inv. B 1354

宴会及礼服

早在佛罗伦萨学习期间，达·芬奇就开始参与安排表演和策划舞会，那时他和他的老师一起创作了《维纳斯与丘比特》的初步素描习作。波利齐亚诺盛赞该作品，认为它完美无瑕，这也是韦罗基奥为朱利亚诺·德·美第奇的马上比武大赛制作旗帜的唯一证据。几份文献表明，达·芬奇当时在米兰宫廷内为斯福尔扎家族设计聚会场景，颇受欢迎，人们对其赞不绝口。在米兰，在吉安·加莱亚佐和阿拉贡的伊莎贝尔的婚礼庆典上，达·芬奇以"天堂"为主题进行舞台设计，于1490年1月13日在斯福尔扎城堡的绿色大厅上演了宫廷诗人伯纳多·贝尔林西奥尼的戏剧。根据使者埃斯蒂斯·贾得莫·特罗蒂的描述，达·芬奇为戏剧表演精心设计了机械装置和服装，在戏剧表演之前还有舞会和华丽的礼服表演。

一些素描作品可以追溯到此次事件之后的一年，1491年1月26日，圣塞韦里诺在米兰为加莱亚佐组织了一场马上比武，这些素描表现了达·芬奇为这次活动设计的服装，并且在达·芬奇手稿C的15v一张中也有提到。达·芬奇还参与了其他几次大型场景的策划，为此他设计了许多令人惊艳的场景和服装，比如1496年1月31日在米兰上演的由大臣巴尔达萨雷·塔科内创作的喜剧《达娜厄》，以及1506年或1508年波利齐亚诺为昂布瓦斯的查尔斯创作的《俄耳浦斯》。在法国宫廷，达·芬奇也参与了很多表演和舞会的组织：其中有正式活动，比如1517年9月洛伦佐·德·美第奇和马德琳·德·拉·图尔·奥弗涅在阿尔让唐举办的婚礼；1518年5月法国皇太子在昂布瓦斯的洗礼，并以皇太子的名义为庆祝弗朗索瓦一世在马里尼亚诺战役得胜而举办了游行、马上比武和一场模拟战。这些活动之后还举办了一次不算严格意义上的海军模拟战，在达·芬奇手稿的一段笔记中有所提及。另外还有一次在克卢克城堡中举办的令人惊奇的聚会，由亚历山德罗·维斯孔蒂组织，他对此也有所描述。达·芬奇本人不仅负责这些活动的全程安排，还负责装饰和礼服的设计，正如保罗·乔维奥在他的《莱奥纳多·达·芬奇的一生》中所述，他"在时尚品位，尤其是在戏剧表演方面，是一位了不起的仲裁人和发明家"。部分素描可以追溯到达·芬奇在法国度过的时光（1517年—1518年），体现了他在礼

剧院舞台幕布升降装置习作（约 1506—1513）
羽毛笔，红色铅笔，木炭，加厚纸，36.9 厘米 ×27.4 厘米
摩纳哥公国，私人收藏

服和节日庆典方面的研究。在这些素描中，藏于温莎城堡的《女子肖像（转向右侧）》中表现的是一幅身体转向右侧的半身像，图中的礼服既贴身又精致，衬托了女性的优美曲线，还搭配了精致、典雅的头饰，这实际上也是达·芬奇时代罗马宫廷贵妇们常常佩戴的饰物，彼得罗·阿雷蒂诺在他的《猥亵十四行诗》中有证实。

此外，由《穿化装舞会服装的年轻男子习作（一）》中可以看到主题人物为正面姿态，朝着观者。右臂自然垂下并伸展，左手手掌则倚靠一侧，这个姿势让人想到著名的潇洒不羁（sprezzatura）这一概念。16 世纪的前二十五年，巴尔达萨雷·卡斯蒂廖内在他的著作《廷臣论》中对这个概念有明确的定义，这是一个关于隐藏与欺骗的艺术的美学理念，认为万物都要表现得美丽、和谐，看起来毫不费力。画中人物右手很像波提切利的风格，十分优雅，精心安排的手指中夹着一根细细的嫩枝，根据茎上的矛尖状的叶子可以判断出应该是棕榈树枝。人物的身体正对着观者，头部却转向右边，完美地展现了精致的礼服。礼服上半部分是贴身的紧致胸衣，有发辫状的丝带做装饰，颈部为圆形剪裁，并有花边装饰，中间是灯笼状的衣袖，有阿拉伯式的装饰图案和褶皱，

穿化装舞会服装的年轻男子习作（一）（约 1517—1518）
木炭，白纸，21.5 厘米 ×11.2 厘米
温莎城堡，皇家收藏品，RL 12576

女子肖像（转向右侧）（约1517—1518）
黑色铅笔，因和其他纸张接触有红色铅笔印记，17厘米×14.6厘米
温莎城堡，皇家收藏品，RL 12508

繁复、精美之至，让人觉得衣袖上的两根丝带根本难以束缚住这夸张、耀眼的美。紧身胸衣的样式让人想到所谓的"鱼鳞铠甲"，其胸甲由金属薄片紧凑排列而成，样子很像鱼鳞，有很好的装饰效果。腰部有小巧悬垂锁链和珠宝装饰的腰带束住了胸甲一样的紧身胸衣，沿着臀部有刺绣的腰带褶边，再往下，长长的透明裙摆十分精美，旋转着一直拖到地上。人物的发髻也十分精美，由一条繁复、华丽的束发带包裹着，类似于《女子肖像（转向右侧）》中女性形象所戴的发饰。

这幅图中的上半部分和下半部分形成了明显对比，上半部分优雅而细致，下半部分呈跨立姿势的强壮腿部则很像佛罗伦萨式雕塑中典型的作品，比如多纳泰罗的大理石雕塑作品《大卫》或是达·芬奇老师韦罗基奥的青铜雕像作品。很难确定达·芬奇笔下这幅人像苗条的人物是男性还是女性：人物脸庞中有女性特点，长长的秀发被精美的丝带束成优雅的发髻，而身体的下半部分则强壮且肌肉发达，像是体格健美的年轻男性。另外，《穿化装舞会服装的年轻男子习作（二）》中的礼服长裙跟前一幅作品中的非常相似。这幅作品中的人物姿势和前者基本类似，鉴于素描的作

用在于展示服装的美和特点，那么这张作品中的服装很明显是为女性设计的。实际上，这幅作品中的人物已没有前者那样的健美体格，从解剖学角度来看更加优雅、丰满，更多的是衬托礼服材质的珍贵和多样，而非其最终效果。和前者相比，这幅作品的变化很少，但都值得注意。这幅作品中的胸衣交错编织，更加厚重，而且简化了装饰，更加注重剪裁，但是保留了灯笼状的衣袖，有阿拉伯式的褶边，而且去掉了装饰性的飘带。和前者不同的是，这幅作品中加上了斗篷，其一致性和引人注意的姿态让人想到一幅画室素描的复制品中的油布。像是对古典时期雕塑中典型姿势的模仿。厚重的斗篷披在左肩上，将人物从背后包裹住，披风的左侧边缘则从前方束在宽腰带中，显露出腰身。此处的衣物设计抛弃了前作中有锁链装饰的精美腰带，而换成了宽束腰带，束住了环绕腰间的厚重褶皱外衣。再往下是质地轻薄如流水一般倾泻下来的透明长裙，有不规则的褶皱边装饰，气质神秘且非常合适。在《穿化装舞会服装的年轻男子习作（三）》中，画家描绘了一位身着精美化装舞会礼服的年轻人。他的头转向右侧，身体则以四分之三视角转向左侧。人物的姿态从解剖学角度看十分精准，以右腿

为支点，左腿微微侧向一边又收回来。画家非常谨慎、详细地展示了这件华丽的礼服。人物浓密、鬈曲的秀发由圆形麻花辫状的束发带束住，低至眉头，中间有羽毛装饰。作品中细致描绘了这件飘逸的短款礼服。这件礼服面料珍贵，带有斑点且十分轻薄，腰部是一条带有褶皱的腰带，除了宽宽的摇曳着的轻薄长衣袖之外，礼服的其他部分都十分简约。衣袖边的穗状褶皱垂至少年的膝部，他的长袜显出了腿部的线条，也更加衬托出衣袖的飘逸，从两条小腿处可以看到细微的织物包裹的痕迹。这位少年腰间挂着一只兽角，是当时用来捕猎的东西，右手中持一支长矛，左手则插在腰间，和前两幅作品保持同样的姿势。非常有必要对服装本身的剪裁进行详细的说明。

在手稿I的49页中，有关于妆容、所使用的坚硬帆布和纸型的说明，其中的"节日背心"，虽然并不一定与这幅作品有联系，但是可以说明其中服装剪裁的重要性："要想制作精美的礼服，需要采用轻薄的衣料，给上面涂一层用松节油制成的芳香清漆和颗粒清漆，注意在浸泡时防止和模型相互粘连。模型要用不同的部件组装而成，其中填充黑黍子，底座填充白黍子。"对达·芬奇来说，华丽礼

穿化装舞会服装的年轻男子习作（二）
（约1517—1518）
木炭，白纸，21.4厘米×10.7厘米
温莎城堡，皇家收藏品，RL 12577

穿化装舞会服装的年轻男子习作（三）
（约1517—1518）
木炭，羽毛笔，水墨，纹理纸，24厘米×15.2厘米
温莎城堡，皇家收藏品，RL 12575 ▶

服的设计和裁剪一定是项精细且颇具吸引力的工作。1637年，斯皮翁·阿米拉托提到达·芬奇为他的一位学生、来自佩雷托拉的索罗亚斯特罗制作了一件新奇的礼服，这件礼服被穿了很多次，被戏称为加拉佐罗（Gallozzla）："他是一位果蔬商贩的儿子，但自称是伯纳多·鲁切拉伊——伟大的洛伦佐的内兄的儿子。后来他跟随了来自芬奇镇的达·芬奇，达·芬奇为他做了一件'加拉佐罗'的礼服，所以很长一段时间内人们都叫他加拉佐罗。"从词源学角度来讲，"加拉佐罗"这个词通常指赘生物，大多是圆形，称为瘿瘤，长在一些树的树叶和树枝上，尤其是橡树上。

因此，这个称谓的来源并不明了，但它是由达·芬奇给马西尼起的。不过，在众多的素描中，有一些是与服装设计相关的素描，其中有精致的类似常春藤的螺旋状装饰品（参见温莎城堡藏品RL 12282）以及类似植物的不规则和圆形的装饰物。特别是藏品RL 12280，也藏于温莎城堡。这些就算和索罗亚斯特罗的"加拉佐罗礼服"没有直接联系，也是出自相似的理念。《穿化装舞会服装的年轻男子骑马像习作》可以看作对《穿化装舞会服装的年轻男子习作》的全新阐释：画中的年轻人身着化装舞会服装骑在马背上，一手拽着缰绳，另一只手拿着长矛。从胸前的细线绳可以看出他身上似乎也挂着一只兽角；还可以看到马鞍下露出的剑柄。与前作相比，这件衣服更加奢华。骑手穿着一件华丽的斗篷，上面有典型的斑点花纹，灯笼状的衣袖边缘有穗状装饰物，用飘荡的衣袖来显示马的奔跑。腰间一条腰带紧紧地束住了斗篷的上半部分，不过下半部分是敞开的，风掀起了斗篷的内侧，可以看到织物的反面并没有正面那种斑点花纹。华丽的斗篷下面，骑手穿着一件菱形花纹覆盖了胳膊和腿部的紧身衣服。骑手右手持长矛，左手紧抓着马的缰绳。画家用一条不太明显但十分精准的线条勾勒了马的挽具、马鞍和马镫上的装饰，这幅作品中的骑手还穿着装有马刺的鞋子。圆锥形的尖头帽子让人想到，除了类似学生便帽的元素——拜占庭帝国的皇帝约翰八世·帕里奥洛格斯所戴的那种帽子——1438年由皮萨内洛制作的纪念章（现存于伦敦大英博物馆和佛罗伦萨巴杰罗美术馆）上正是皇帝戴帽子的形象。这种帽子很可能是结合了15世纪传统元素的原创发明，比如羽毛的装饰，其表达方式让人想到伟大的法国纹章传统。

穿化装舞会服装的年轻男子骑马像习作（约 1517—1518）
木炭，羽毛笔，墨水，纹理纸，25 厘米 ×15.2 厘米
温莎城堡，皇家收藏品，RL 12574

伊莎贝拉·迪·埃斯特

伊莎贝拉·迪·埃斯特纪念章（1498）
乔瓦尼·克里斯托福罗·罗马诺
金，钻石和瓷漆，6厘米×6厘米
维也纳，艺术史博物馆，古币收藏馆，6.833ba

从蒂诺·卡尔代拉拉收藏到米兰的瓦拉迪收藏，这幅肖像于1860年左右进入了罗浮宫。这幅作品由达·芬奇创作，且有文献为证。多亏了大量的往来书信，才似乎确认了有关这幅作品的一些早期信息，时间可追溯到15世纪初。1499年，达·芬奇离开米兰，前往曼图亚觐见公爵夫人伊莎贝拉，并很有可能为她画了一幅肖像画。当时伊莎贝拉·迪·埃斯特已经对托斯卡纳画家产生了兴趣，并请求欣赏切奇利娅·加莱拉尼的肖像画。我们不能确定那是一幅素描、草图还是真正的肖像画，我们只知道达·芬奇离开曼图亚之后去了威尼斯。事实上，在一封1500年3月13日的信中，洛伦佐·古斯纳斯克，一位来自帕维亚的鲁特琴手对公爵夫人伊莎贝拉说："莱奥纳多·达·芬奇在威尼斯，他给我看过一幅您的肖像画，真是惟妙惟肖。没有人能比他画得更好了。"1501年5月27日，伊莎贝拉公爵夫人在诺韦拉腊写信给彼得罗神父，请求达·芬奇"再为我们的肖像创作一幅素描"。因此，这封信大概证明了这幅素描的时间在1499年—1500年。1498年，吉昂·克里斯托福·若曼诺真的为歌颂伊莎贝拉打造了一枚纪念章，其形象和达·芬奇的素描中的形象十分相似。达·芬奇将这幅素描放在了画布上，从其中为转移到画布上而打的孔来看，达·芬奇将这幅素描创作成了油画，不过进行了微调，或者是由于应伊莎贝拉的要求而创作的另一幅草图。画中公爵夫人为侧面形象，轮廓的笔触清晰且干脆，强调了眉毛、鼻子和下巴的优美和匀称。就像达·芬奇之前创作的肖像画，画中人物像是被画面之外的什么东西吸引了注意力，使得她身体扭转，优雅地看向一边。这细微的变化赋予了人物雕塑般的深沉魅力。公爵夫人的半身像微微转向右侧，从下巴延伸至喉咙处的阴影、因角度偏转而微微缩短的肩膀肌肉让她的形象更加真实。她身上的长裙也十分华美。达·芬奇一丝不苟，非常注重描绘细节，比如灯笼状的衣袖，或是衣领周边的质地轻薄、做工精致的蕾丝边。人物手部交叠的姿势再次出现。佛罗伦萨时期达·芬奇的研究习作中就出现了这样的形象：右手轻握左手手腕，使整体形象显得沉静、优雅，而左手则指着架上的一本书。

伊莎贝拉·迪·埃斯特（1499—1500）
局部
黑色炭粉，红色铅笔，灰色蜡笔，有穿孔，63 厘米 × 46 厘米
巴黎，罗浮宫，inv. M.I. 753

三博士来朝

1481 年，律修会修士圣奥古斯丁委托达·芬奇为斯科皮特的圣多纳托教堂主祭坛创作《三博士来朝》这幅油画，公证人为芬奇镇的瑟·皮耶罗·达芬奇——达·芬奇的父亲。然而，达·芬奇 1482 年前往米兰之后，这幅作品却留在了亚美利哥·班齐家，尚未完成。十五年后，修士们不得不寻求菲利皮诺·利皮的帮助，他当时正在创作一幅主题相同的作品，现藏于乌菲齐美术馆。从多个角度来看，利皮的这幅作品在风格和布局上都十分接近达·芬奇的作品，我们甚至可以认为艺术家们在班齐家可以欣赏到达·芬奇未完成的那幅作品，利皮自然也看到了。

《三博士来朝》是一幅场景布局非常了不起的作品，表现在动态的视角，以及透视缩短的背景构成了作品的布局，马和骑兵的激烈对抗表现的凄美感，还有前景中的复杂形象。前景中，各个人物随意地围绕在圣母子周围。在现藏于罗浮宫的一幅《三博士来朝习作》素描中，可以看出达·芬奇对未完成的油画作品的首次构思：达·芬奇尝试将三博士的朝拜和佛罗伦萨的传统相结合。从圣母子身后集中出现的牛和驴，可以看出画家将主要场景设置在了地下室，即基督诞生的场景。圣母子身后还有前来朝拜的旁观者。他们姿势各异，纷纷献上礼物，且抛弃了油画中所保持的虔敬距离。主场景周围的建筑结构让人联想到古代的神庙废墟，留存下来的只有尖尖的承重屋顶，框椽支撑着倾斜的房檐，仿佛透视缩短的伯利恒马厩真的伫立于这座古典建筑尚存的废墟中，其上的灌木丛已十分繁茂。右手边的两段楼梯按照透视缩短原则完美地绘出，楼梯下方有两扇拱门，拱门前面是用凌乱的线条勾勒出的躁动的人群。不过，主要场景依然是献上礼物的三博士，而主场景出人意料地设置在三级台阶下的地下室，以不同寻常的方式表现了主显节前夕的场景。

乌菲齐素描与版画工作室藏的《〈三博士来朝〉场景设计的透视法习作》素描中的画面表现则更加详尽和完善，其空间布局已经和油画中的布局保持一致，并且具有重要的象征意义。画中基督降生时的小棚屋在画面之外，牧羊人的姿势给了暗示——他倚靠在最右边的柱子上，注视着画面外的场景。在油画中，牛和驴前半部分形象的存在清楚地说明了所处的场景。让人印象深刻的人物和动物布

三博士来朝（1481—1482）
木板油画，246 厘米 ×243 厘米
佛罗伦萨，乌菲齐美术馆

《三博士来朝》场景设计的透视法习作（约 1481）
羽毛笔，棕色水墨，白铅，金属尖笔，纸，16.3 厘米 ×29 厘米
佛罗伦萨，乌菲齐美术馆，素描与版画工作室，inv. 436

置在透视法网格中显得略为拥挤，这给人以动态的体验，仿佛在欣赏电影的一个推拉镜头。

两幅关于《三博士来朝》的初步习作素描中都展现了那不同寻常的框架结构，破败的神庙可以和佛罗伦萨的圣米尼亚托大殿的祭坛联系起来。不过，其中两段平行楼梯的布局安排更能让人联想到波焦阿卡伊阿诺美第奇别墅中的楼梯。这座建筑由洛伦佐·德·美第奇及其建筑师朱利亚诺·达·桑加罗设计完成，并通过一本名为《锡耶纳素描簿》的作品流传了下来。这份文献引起了有关这座著名别墅的起源的讨论：鉴于《三博士来朝》的背景设置在 1481 年—1482 年左右完成，不禁让人猜想波焦阿卡伊阿诺的这座建筑是否在 1482 年达·芬奇前往米兰之前便已开始修建。可以确定的是，达·芬奇知晓这项工程，而且可以见到洛伦佐和朱利亚诺·达·桑加罗为这座新的郊区宅邸设计的规划图。反过来说，也不排除这种可能性——伟大的洛伦佐和他的建筑师获得了达·芬奇的某些素描。素描中，达·芬奇已经构思出了此种楼梯的设计——这样一来也就说明了这座别墅的设计时间。

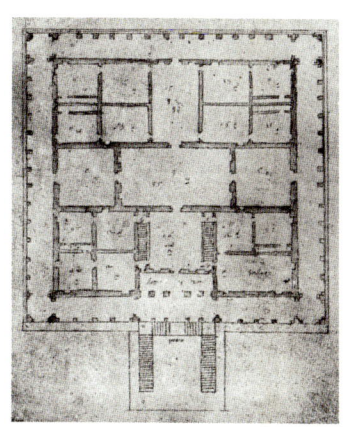

别墅一层设计
朱利亚诺·达·桑加罗
因托那提公共图书馆,锡耶纳素描簿,f. 19v

波焦阿卡伊阿诺美第奇别墅正面立视图素描
匿名作者
16世纪早期,佛罗伦萨,乌菲齐美术馆,素描与版画工作室,inv. 2674 Ar

波焦阿卡伊阿诺美第奇别墅正面设计素描
匿名作者
16世纪早期,佛罗伦萨,乌菲齐美术馆,素描与版画工作室,inv. 1640 A

波焦阿卡伊阿诺美第奇别墅建筑基本要素正面立视图及细节
匿名作者
16世纪早期,佛罗伦萨,乌菲齐美术馆,素描与版画工作室,inv. 2674 Av

三博士来朝习作（约1480）
全景及局部
铁笔和铅尖笔，羽毛笔，深棕色墨水，28.45厘米 ×21.4厘米
巴黎，罗浮宫，图像艺术馆，inv. RF 1978r

衣物褶皱

跪像衣物褶皱习作（约 1475—1478）
银尖笔，加粗，红色背景纸，25.8 厘米 × 19.5 厘米
罗马，素描与版画工作室，inv.FC 125770

《跪像衣物褶皱习作》这幅优美的作品是罗马的科尔西尼的收藏品，它展现的是一幅跪像的衣物褶皱，代表了达·芬奇从 15 世纪 70 年代到 80 年代长达十年的练习的成果。衣物褶皱强调了人物的姿态，一只膝盖跪在地上，另一只膝盖则抬起，波浪形的褶皱层层重叠垂至地面。光照射在两腿间垂下来的布料上，让衣物有了雕塑般的质感，并和其他部分的衣料质地形成对比。事实上，这幅作品中的上半身不像下半身那样精细，只是非常随意地勾勒出了一些线条，尝试了人像的几种不同姿势。尽管《坐像下半身衣物褶皱》这幅素描是同类习作素描中的一幅，并且在技法、基料及古典出处方面都相同，但卡洛·佩德瑞提还是指出了其与众不同的特点。这并非油画的初步习作或是衣物遮盖下体的相关风格练习。这位学者认为，这幅作品有力地证明了达·芬奇对光影效果的把握，这使得其形状轮廓及褶皱表达在微光下也有雕塑一般的丰满质感。与乌菲齐美术馆藏品《天使报喜》中圣母的姿态相比，这幅习作素描体现了达·芬奇在韦罗基奥画室中所受训练的最大成果。这幅作品绝对可以称得上雕塑效果呈现的优秀范例：画中人物身体微微扭曲，向后倾斜，衣物覆盖在人物的腿上，并按照坐姿方向形成褶皱。后者中，褶皱大量出现，并通过光亮区域断裂分布画法完美地表现出来，并因阴影的存在而显得更加真实动人。画家在画布上为我们呈现了一个躯体在衣物材质方面呈现的栩栩如生的形象，散发着生命的悸动。

《后方视角跪像衣物褶皱习作》也是一幅跪像衣物褶皱习作，这幅作品与达·芬奇及他的老师韦罗基奥合作的《基督受洗》中的天使形象有关。通过半身像线条中隐约可见的消失点和长袍的褶皱，可以看出画中人物身体微微前倾。通过光亮和阴影区域的变化，可以看出画家在描绘褶皱方面的出色能力，并通过明显的佛兰芒式衣物表现出了典型的变化效果，衣物褶皱中使用了不同的颜色来表现其经纬交错。画家通过优雅的 S 形线条描绘出了透视缩短原则下的人物身体，

后方视角跪像衣物褶皱习作（约 1475）
画刷，灰色蛋彩，铅白加强，优质亚麻画布，18.1 厘米 × 23.4 厘米
巴黎，罗浮宫，图像艺术馆，inv.2256

坐像下半身衣物褶皱（约 1475）
画刷，灰色蛋彩，铅白加强，灰色背景亚麻画布，26.6 厘米 ×23.2 厘米
巴黎，罗浮宫，图像艺术馆，inv.2255

强调了后背和脚部轮廓的两块凸起，从而以强烈的三维的效果勾勒出了这一人物形象。可以看出，画中的衣物质地颇为厚重，笔直地垂下来并有条不紊地垂落至地面。

牛津基督堂画廊收藏的《福音天使衣袖褶皱习作》这幅素描，是一幅更大的作品的残片，其中表现了一位报喜天使的衣袖褶皱，从其中丝带绑成的蝴蝶结的样子可以看出作品出自左撇子之手。这可能不仅包括手臂末端的祈福之手，而且最重要的是，一幅带鬈曲短发的头部习作，至少右侧边缘可见部分已用红色勾勒出。我们能够觉察到轮廓线条中的犹豫不决和生硬笨拙，但是不能将其解释为过失，这是达·芬奇曾在韦罗基奥画室学习的证明，画家当时可能正专注于雕塑模特的塑描。另一方面，《第二版〈岩间圣母〉中天使跪像衣服褶皱习作》可追溯到1508年，因此作品中表现了一些后期的风格特征，尤其是其中动人心魄的雕塑感。跪像中的身体形态则更加迷人，主要是由于小型画布

福音天使衣袖褶皱习作（约1478）
羽毛笔，墨水，棕色水彩，红色铅笔，8.1厘米×9.4厘米
牛津，基督堂画廊，inv. 0036

第二版《岩间圣母》中天使跪像衣物褶皱习作（约1508）
油基炭黑颜料，铅白加强，刷过油料的深蓝色背景的小型草图，21.3厘米×15.9厘米
温莎城堡，皇家收藏品，RL 12521

上的深蓝色背景和用画刷刷上的一层油料。《坐像腿部衣物褶皱》这幅作品可以追溯到 1516 年—1517 年，即达·芬奇最后的法国时期，标志着概念和视觉上的差距。

画中人物侧面坐着，弓着身子，右腿伸展而左腿弯曲。人物的样子表现了雕塑般的形态：从右腿膝盖明显的突出部分可以看出衣物包裹着腿部，并且一直延伸到另一条腿，还有腰部精致的细节展现的布料形态和褶皱。前作中衣物褶皱是通过光影区域的对比和变化，以及两种颜色造成的效果表现出来的；而这幅作品中的褶皱则仅仅是通过光影的逐渐减弱建立起来的，两者不可分割，且产生了微妙的色调效果。

作品中黑暗的部分笔触越发厚重，显得明亮的部分有些不协调，但并没有失去其独特的布局。直到再无明亮的线条可以描绘，只剩下岩浆般厚重的阴影，构成了作品中杰出的规模化线条。毫无疑问，这幅褶皱习作与油画《圣母子与圣安妮》相关。1501 年的一封信中证实，第一幅草图（现已失传）中描绘了圣母坐在圣安妮腿上，以及圣婴正和小羊羔玩耍的画面，其中圣母正准备站起身来，将圣婴带离象征着他日后受难的小羊羔，但被象征着教会的圣安妮阻止了。

近十年后，罗浮宫馆藏的这幅油画中又重现了这一主题，其中有着相同的图案模式特征，不过更加强调了圣安妮的形象：圣母坐在她母亲的腿上，保持着平衡的姿态，正准备将圣婴抱离小羊羔。她伸出手臂，身体前倾，并通过惯性自然地将身体的重心向后放，就像在振荡运动中那样。圣母的身体重心放在左脚上，她的左脚踩在一块隐藏在衣物褶皱后面的凸起的岩石上：从温莎城堡的那幅习作素描中可以看出。而她的右脚则像杠杆一样抬起了圣婴。

圣母子与圣安妮（约 1510—1513）
木板油画，168 厘米 ×130 厘米
巴黎，罗浮宫

坐像腿部衣物褶皱（约 1516—1517）
木炭，黑墨汁，铅白加强，微偏黑黄色纸，24.5 厘米 × 23 厘米
巴黎，罗浮宫，图像艺术馆，inv. 2257

马和骑马雕像习作

两骑手和奔跑的马（约 1481）
金属尖笔，羽毛笔，棕色墨水，粉色背景纸，年代久远稍显棕色，左右上角被剪掉，14.3 厘米 ×12.8 厘米
剑桥，菲茨威廉博物馆，inv. Pd.121-1961

跃起的马和骑手（转向右侧）（约 1481）
金属尖笔，羽毛笔，棕色墨水，粉色背景纸，左右上角被剪掉，14.1 厘米 ×11.9 厘米
剑桥，菲茨威廉博物馆，inv. Pd.44-1999

瓦萨里称，达·芬奇草拟了一本有关马的书，其中收录了他关于马的解剖学和比例研究的习作。这本书，连同斯福尔扎纪念碑的黏土模型因法国入侵米兰造成的动乱，于 1499 年遗失。洛马佐也记得并且十分欣赏这些关于马的素描，这些素描也是达·芬奇奉卢多维科之命创作骑马雕像的基本习作。达·芬奇因为这些习作忙了很长一段时间：从 1482 年到 1499 年，再从 1508 年到 1512 年他创作特里维尔奇奥纪念碑期间。达·芬奇笔下的马高度精确：他的比例研究似乎介于真实的马的素描和理想化的形象之间。现存的作品证明达·芬奇自 1478 年—1480 年在佛罗伦萨时就已经开始了马的比例研究。

1482 年后，在米兰期间，达·芬奇重新开始了对马的研究。根据 1487 年—1490 年手稿 B 中的记载，达·芬奇设计了测量马的仪器。素描作品《马肖像习作（右侧，正面及四分之

马和骑手（约1481）
金属尖笔，羽毛笔，墨水，淡粉色背景纸，
12厘米×7.8厘米
私人收藏

三视角下的前肢及胸部细节)》中便表现出了一定水平。其中白色加粗的线条给了作品以雕塑般的质感，完美呈现的线条排列使得这幅作品可以与古典雕塑中的典范——威尼斯的圣马可广场的青铜马像相媲美。达·芬奇应卢多维科·斯福尔扎要求为纪念其父弗朗西斯科而设计的骑马雕像花费了他近十年时间——从1483年到1493年12月。达·芬奇本打算制作一尊黏土模型，但最终因为当时米兰公国不稳定的政治环境放弃了。

斯福尔扎纪念碑的第一次工程提出了创作跃起的巨型马的创新性解决方案，这在当时是史无前例的。而采用跃起的马脚踩踏倒地的敌人这个想法则取自古典作品：类似的形象经常出现在钱币、纪念章和浅浮雕中。藏于慕尼黑和纽约的另外两幅素描也出现了同样的主题，可以追溯到1489年左右，是由安东尼奥·波莱奥罗为斯福尔扎家族创作的。1489年，伟大的洛伦佐应卢多维科·斯福尔扎的请求，向佛罗伦萨大使提出派遣一到两名资深雕塑家到米兰进行如此大型工程的要求，上文提到的两幅素描便可能与此有关。在此期间，纪念碑的计划被打断过一次，直到1490年4月23日才重新开始，手稿C的15页背面可以证实。第一次计划最终被修改了，可能是由于技术原因，变成了更加传统的版本。其中战士骑在大步前进的马上，像是在行进的队伍中，不过其中人物依然有庄重、骄傲的面部形象。新版本的设计可以在许多古代作品，如罗马的《马库斯·奥勒留》和1490年6月在帕维亚问世的《太阳王》雕像中找到痕迹；也可以在近期的作品中找到痕迹，比如多纳泰罗在帕多瓦创作的《加塔梅拉塔》中的骑马雕像和大师韦罗基奥创作的威尼

马肖像习作（右侧，正面及四分之三视角下的前肢及胸部细节）（约 1490）
金属尖笔，蓝色背景纸，21.2 厘米 ×16 厘米
温莎城堡，皇家收藏品，RL 12321

腾空的骏马和踩踏倒地的敌人习作（约1490）
金属尖笔，蓝色背景纸，18.8厘米×15.2厘米
温莎城堡，皇家收藏品，RL 12358r

斯的《科莱奥尼》的骑马雕像。

第二次工程最终也未能完成，因为7.2米高，即23英尺7英寸的模型，根据卢卡·帕乔利的记载，于1499年法国入侵米兰时被毁掉了。1506年回到米兰后，达·芬奇又参与了另一项骑马雕像的工程，这次是为军事指挥官吉安·贾科莫·特里武尔奇奥创作的。达·芬奇提出了几种不同的方案，有比较创新的，比如跃起的马踩着倒地的敌人，英勇的指挥官骑在马上；也有比较传统的方案，比如指挥官骑在正在大步前进的马上。在《骑马雕像习作四幅》中，他重新采用了跃起的马作为纪念碑的方案，并且在下面加上了建筑物，这可能是得益于帕维亚的《太阳王》纪念像中的柱子的启发。不过，在设计的不同阶段，建筑物的设计也发生了变化。从简单结构，比如基座四角由四根柱子支撑起雕像的底座，将大理石棺放在中间，到更加复杂的方案，其中凯旋拱门和

马头部、后方视角的马,以及飞奔的马和骑手的习作(约 1482)
局部
羽毛笔,深褐色墨水,因为和其他作品接触有红色铅笔的痕迹,19.3 厘米 ×12.3 厘米
巴黎,罗浮宫,图像艺术馆,罗斯柴尔德藏品,inv. 781 DR

骑马雕像习作四幅（约1508）
羽毛笔，纹理纸，28厘米×19.9厘米
温莎城堡，皇家收藏品，RL 12355

马和骑手习作（约1517—1518）
铅尖笔，27.8厘米×18.3厘米
温莎城堡，皇家收藏品，RL 12342

四角的雕像让人想到米开朗琪罗为儒略二世陵墓设计的雕像《俘虏》，见于《骑马雕像习作四幅》和《骑马雕像习作》。在稍晚些创作的《马和骑手习作》中，大量生动的细节使得前进的马的形象更加真实了。比如扬起的尾巴，被缰绳拉住向后弯曲的脖子，后腿之间的交错和一致变化，马蹄即将落地的样子，以及优雅、弯曲的前腿。因此，这幅作品完美地展现了达·芬奇已经成熟的绘画风格，对墓葬纪念碑的研究似乎成了一个风格练习的机会，创作出的作品通过几笔润色线条便表现了活力，其中轮廓线的渲染的方式似乎属于法国时期。

骑马雕像习作（约1509—1510）
红色铅笔，羽毛笔，木炭，纹理纸，22.6厘米×27.6厘米
温莎城堡，皇家收藏品，RL 12356

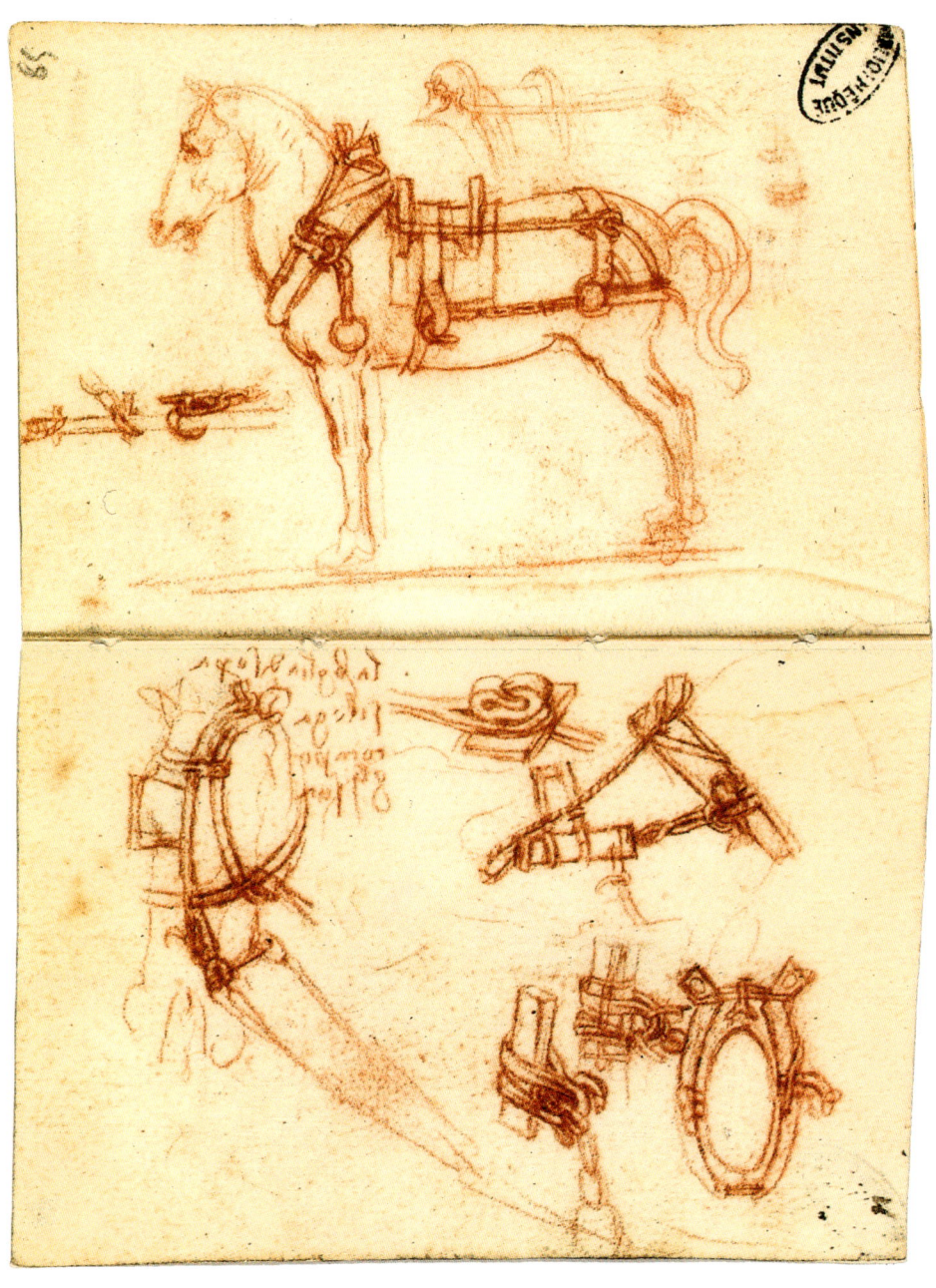

上方：**戴挽具的马和马鞍及连接杆细节习作**
下方：**马头部和挽具细节**（约1494）
巴黎，法兰西学会，手稿 H 中的 ff. 133r [10v] – 132v [11r]

安吉里之战

多利亚油画[①]（约 1503—1505）（？）
达·芬奇（？）
尼可洛·皮齐尼诺的局部
杨木油画，86 厘米 × 115 厘米
佛罗伦萨，艺术品修复研究所

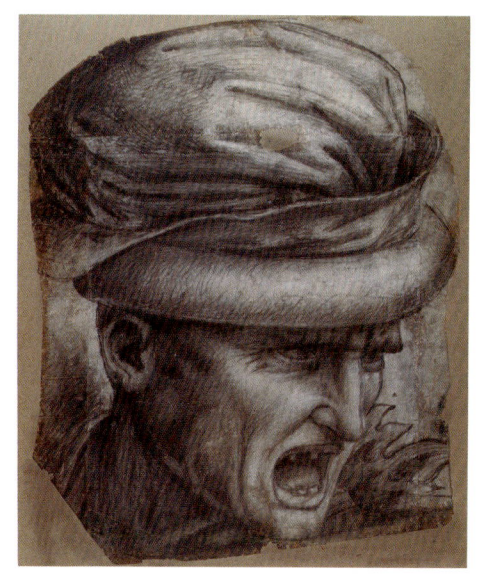

《安吉里之战》中战士的头部（16 世纪早期）
匿名作者（晚于达·芬奇）
黑色炭粉，灰蓝色纸，50.4 厘米 × 38.6 厘米
牛津，阿什莫林博物馆，inv. PII 20（WA1863.618）

1504 年 5 月 4 日，佛罗伦萨执政团决定委托达·芬奇为市政厅议事大厅创作一幅主题为重大战役的作品《安吉里之战》。米开朗琪罗为了和达·芬奇进行竞争，创作了一幅令人印象深刻的作品——《卡希纳之战》。达·芬奇需要描绘出 1440 年 6 月 29 日在安吉里附近发生的一场战斗，参战双方分别为由指挥官尼可洛·皮齐尼诺带领的菲利波·玛利亚·维斯孔蒂的军队，以及与教皇结盟的佛罗伦萨军队。这场胜利代表了佛罗伦萨历史上一个非常重要的时刻，因此这幅作品是对皮耶拉·索代里尼统治下的佛罗伦萨共和国的极大颂扬。众所周知，这幅作品创作中所采用的实验性壁画技术很快便引起了诸多问题，早在 1563 年，乔尔乔·瓦萨里便开始了对这幅作品的保护和修复工作。和《最后的晚餐》相比，这幅作品的表现形式更加激烈和直接，正是在这幅《安吉里之战》中，达·芬奇尤其注重对情绪的描绘，使得画中动作的暴力呼之欲出。在《绘画论》第 364 章中，达·芬奇写道："如果作品中的某个人物其动作不能尽可能地传达出

[①] 《安吉里之战》的复制品，原作已遗失。——编者注

多利亚油画（约1503—1505）（？）
达·芬奇（？）
杨木油画，86厘米×115厘米
佛罗伦萨，艺术品修复研究所

其内在的情绪，那么这个形象便不值一提。"这幅作品的布局表现了人和马在同一水平上的交战状态，通过面部研究，尤其是面部肌肉的收缩扭曲表现了战斗的胶着状态，同时也表现了人的情绪。我们来看看这幅现藏于布达佩斯美术博物馆的素描《〈安吉里之战〉中两战士的头部习作》。这幅素描中描绘的两个头部属于两个骑在马背上的中心人物：左边是一个正在叫喊的人的头部，而右边是一个因为狞笑而脸部扭曲的男性侧面像。

两名战士的脸描绘得非常精细，其扭曲程度可以互相对比：面露怒气的骑兵正奋力抛出手中的长矛，而胜者的脸上则露出了得意的狞笑。布达佩斯美术博物馆还保存着一幅年轻战士的头部习作素描，其姿势颇具动态感，微微用力扭转的脖子和肩部线条保持平行。红色铅笔描绘的脸部有着突出的色彩效果，表现出这位英勇、顽强的年轻战士正处于激烈的战斗中：

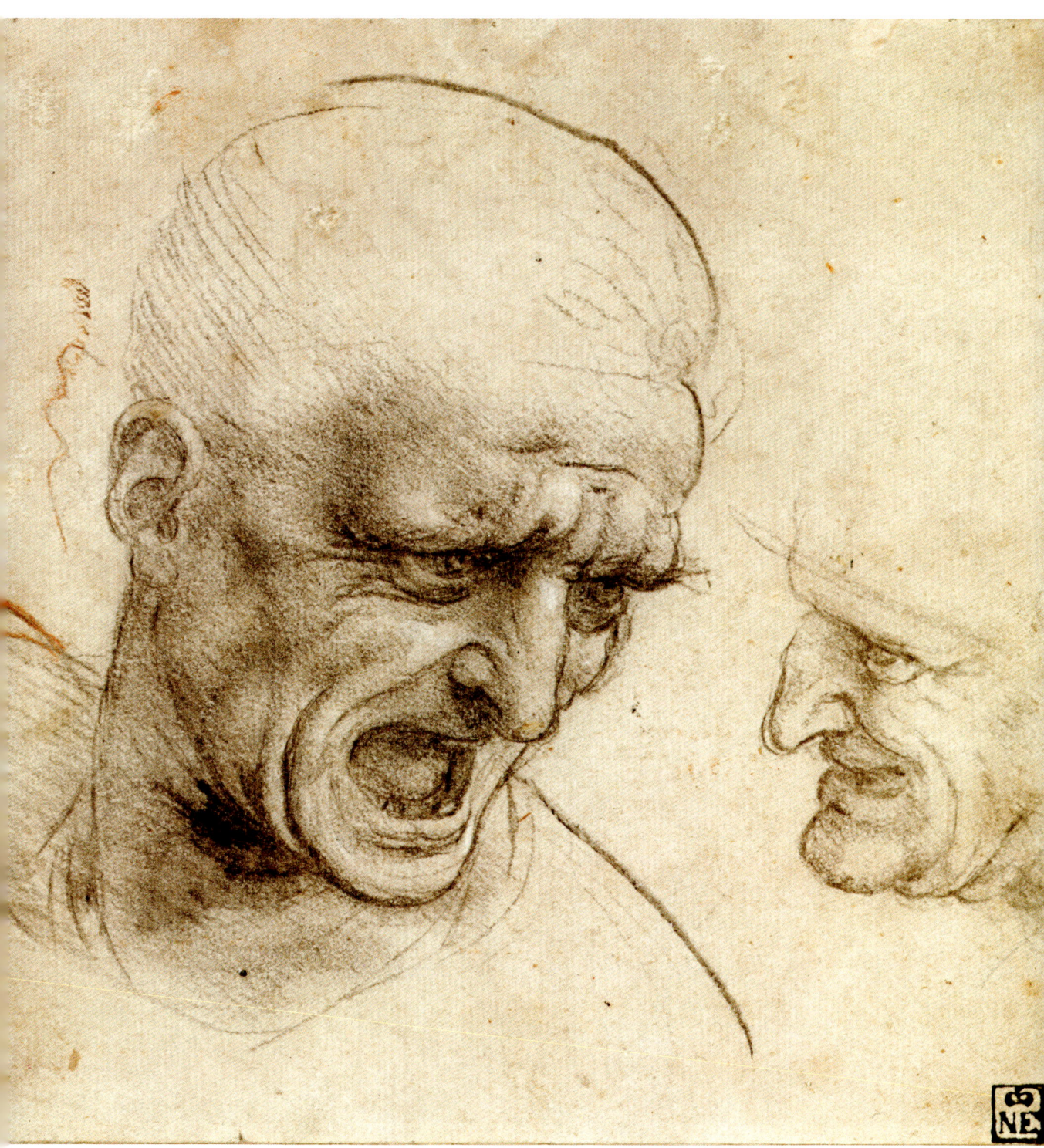

《安吉里之战》中两战士的头部习作（约 1504）
木炭，右侧边缘有红色铅笔痕迹，19.2 厘米 × 18.8 厘米
布达佩斯，布达佩斯美术博物馆，inv. 1775

《安吉里之战》中战士头部习作（约 1504）
红色铅笔，赭色背景纸，22.7 厘米 ×18.6 厘米
布达佩斯，布达佩斯美术博物馆，inv.1774r

根据初步研究和相关文献恢复的《安吉里之战》中失传草图轮廓（1964）
卡洛·佩德瑞提

他张大嘴叫喊着，眉头紧皱，注意力集中，警惕的眼神死死地盯着对手。素描中，战士的脸似乎正好反映了达·芬奇在《绘画论》第145段中关于战斗的表述。"若要描绘战斗，"他写道，"你会让其他人紧闭嘴巴痛哭流涕。"以及第377段的"愤怒的形象如何处理"的表述："怒发冲冠，眉头紧锁、咬牙切齿和嘴角上扬。脖子必须清晰明了且为正面，而且因为弯腰打倒敌人，所以要有皱纹。"达·芬奇的初步习作素描表现了这幅大型壁画作品中极致的传神和极富创意的理念，以难以置信的表现力呈现了战士的愤怒和战斗中碰撞的马蹄。画面的中心是所谓的《为旗帜而战》的场景，其中两名扛着旗帜的米兰战士对抗两名佛罗伦萨战士，后者想要夺走旗帜。众所周知，达·芬奇在研究战斗场景和光线效果时专门制作了一具三维蜡制模型。

根据相关文献记载，这场战役于日落时结束，敌人被阳光照得有点睁

《安吉里之战》中马背上的战士习作（约1504）
局部
红色铅笔，未经制备的白纸，22.7 厘米 × 18.6 厘米
布达佩斯，布达佩斯美术博物馆，inv.1774v

第二章　从素描到油画

不开眼，佛罗伦萨人在此时取得优势。从初步习作中也可以看出来，其中人物躯体的下半部分比上半部分暗一些。另外，在关于颇具争议的湿壁画《多利亚油画》（最近转移去了意大利）的最早的衍生作品中，光线从右上角照射过来，照亮了白马迷人的躯体和米兰人的面庞。蜡制模型已经遗失，但是我们还是有可能从弗朗西斯科·鲁斯蒂奇在达·芬奇的指导下制作的黏土模型中感受原作表现的美与痛苦和激情。卡洛·佩德瑞提在1964年提出的重构理论让我们能够意识到这件作品过去呈现的样子。多亏了《多利亚油画》和乌菲齐美术馆藏的复制品、洛杉矶哈默博物馆和剑桥福格艺术博物馆收藏的大量素描。1558年洛伦佐·扎基亚创作的精美雕刻作品，以及最重要的，维也纳阿尔贝蒂娜博物馆收藏的鲁本斯所绘素描的最完整的文献资料，这是根据一幅16世纪素描创作的。其他后来所作的复制品都可以抛开不谈，因为其中有添加的、不符合时代特征的元素。但话说回来，在这些作品中，值得一提的是由约翰·亨利希·菲斯利创作的钢笔、棕色墨水和水彩作品，其中重现了《为旗帜而战》。这幅作品之前从未和达·芬奇的作品联系起来，它出现在1898年的一份19世纪作品的名单内，也出现在了1959年一份关于瑞士画家的专著内。根据题字中所写的"模仿莱奥纳多·达·芬奇，1777，罗马字样"，可以得出这幅素描属于罗马素描簿中的一幅，也就是他个人非常喜爱的一些主题的相关作品素描的混合集子，比如希腊悲剧作家、但丁、莎士比亚的作品，还有给了他灵感的风格主义艺术家的复制品，其中有帕尔米贾尼诺、罗索·菲伦蒂诺、巴乔·班迪内利，以及最重要的米开朗琪罗。

这幅模仿达·芬奇的衍生作品采用了一种完全不同的方式：一般的复制品中没有出现这种方式，这幅作品采用了镜面反转（暗示使用了目前很难确定的参考复制品），其特点是人物之间的全新互动。事实上，在画面中心，表现了持匕首的男人和被打倒在地的人之间的激烈战斗，在此之前，这一细节一直出现在背景中。尤其是马和骑兵的群像之后。

另一方面，就像在原始参考作品中那样，被打倒在地的男人正试图举起盾牌保护自己，在此作品中则被放在了次要位置。马和骑兵的战斗在旗帜下爆发，这一细节证明了模仿者并没有遵从原作的本意。扛旗帜的旗手几乎要被甩下马去，但他手中的旗帜反而举得更高了，且以非常真实的姿

为旗帜而战（1777）
约翰·亨利希·菲斯利
局部和全景
羽毛笔，棕色墨水，水彩，36 厘米 ×48.2 厘米
伦敦，大英博物馆，1885,0314.210

态扛在他的内侧肩膀上，而另一名骑兵则紧紧地抓着旗帜的顶端。马显得非常强壮，其口鼻从未出现，只能看到左侧在透视画法下缩小的马。

菲斯利的这幅作品证明了其抛却了被看作标准的技法。作品的基本理念在于强调战斗爆发的动态感。菲斯利的风格特点在于形状轮廓的大幅度模糊，强大的表现力和水彩唤起的情绪，这些都很好地呈现了战斗的激烈。

画家通过人和马的身体形象表现了战斗场面的混乱，其笔触迅疾，突出了肌肉线条，因而人和马都表现的强壮而勇猛。在重构的基础上和原始素描的启发下，达·芬奇计划将佛罗伦萨军队的到来放在右边（一些骑兵正在过桥，另一些步行着用木杆跳过水流或正爬上岸去）。左手边，米兰骑兵团正向旗帜下的队伍会集，其中可以看到戴着华丽头盔的尼可洛·皮齐尼诺,还有他的儿子,手持带有家族纹章的盾牌,胸甲上有一只巨大的山羊作为装饰。画面中的旗帜不再是双方争夺的目标,而是一件武器,激烈的战斗围绕它展开:旗帜作为杠杆,将敌人甩下马去,就像在拉斐尔的作品《〈为旗帜而战〉战斗群像原版速写》中完美展现的那样。这幅作品技艺精湛,极其传神地表现出了本韦努托·切利尼所说的"世界学校"般的激烈战斗。仿佛电影画面一般,战斗成了一次实践动态效果表达的机会。达·芬奇将其风和水的习作中旋转动态的线条应用在了马和人之间的小规模战斗上。骑兵身上的服装精美的程度堪比剧院礼服,由受阅时穿的铠甲组成,盾牌的外壳由石灰装饰着,头盔上则有英雄纪元风格的精美动物图案,似乎盖过了当时金匠和武器制造者制作的珠宝的光彩和魅力。

《为旗帜而战》战斗群像原版速写(约1504)
拉斐尔·圣齐奥
镜像
局部
银尖笔,橡胶水彩加强,21.1厘米×27.4厘米
牛津,阿什莫林博物馆,WA1846.176

赫拉克勒斯人像及解剖学习作

1504年至1508年达·芬奇第二次旅居佛罗伦萨期间,他开始认识到,人体是一种可以通过肌肉产生力量的结构。事实上,在当时,除了解剖学和比较心理学(通过对狮子外形特征的研究表现出来),他也在创作极具艺术性的赫拉克勒斯形象的过程中,更加深入地研究了人体四肢的肌肉。素描《男性站立全裸像(后方视角)》便是一幅关于解剖学模型的代表作品:作品中表现的是后方视角的一位四肢伸展的裸体男性。这位男性表现的解剖学定义与表层肌肉研究有关。1507年,在圣玛利亚诺瓦医院,达·芬奇首次对一位年过百岁的老人的尸体实施了验尸解剖。对此,达·芬奇在RL 19027页中写道:"我对他的尸体进行了解剖,想要搞清楚是什么原因造成了如此安祥的死亡。"达·芬奇这一阶段的研究带来了革新性的成果。以心脏为例,他在RL 19029页中将心脏描述为"至高无上的主创造的了不起的工具",并且第一次将心脏称为肌肉。从艺术层面来讲,这些研究——尤其是狮子外形特征和赫拉克勒斯形象的研究——很可能与著名的《安吉里之战》有关,这幅作

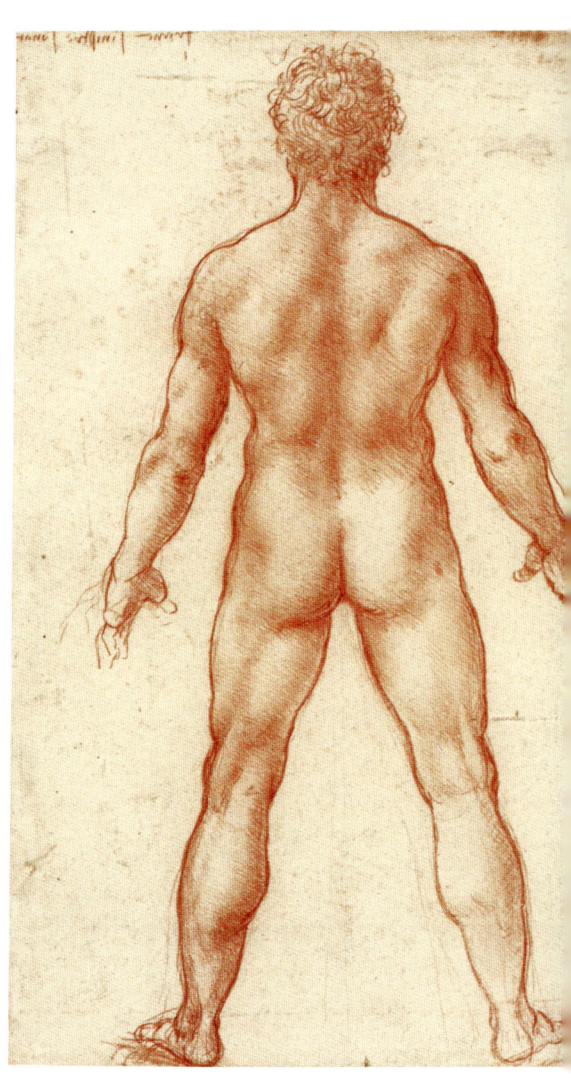

男性站立全裸像(后方视角)(约1505)
红色铅笔,27厘米×16厘米
温莎城堡,皇家收藏品,RL 12596

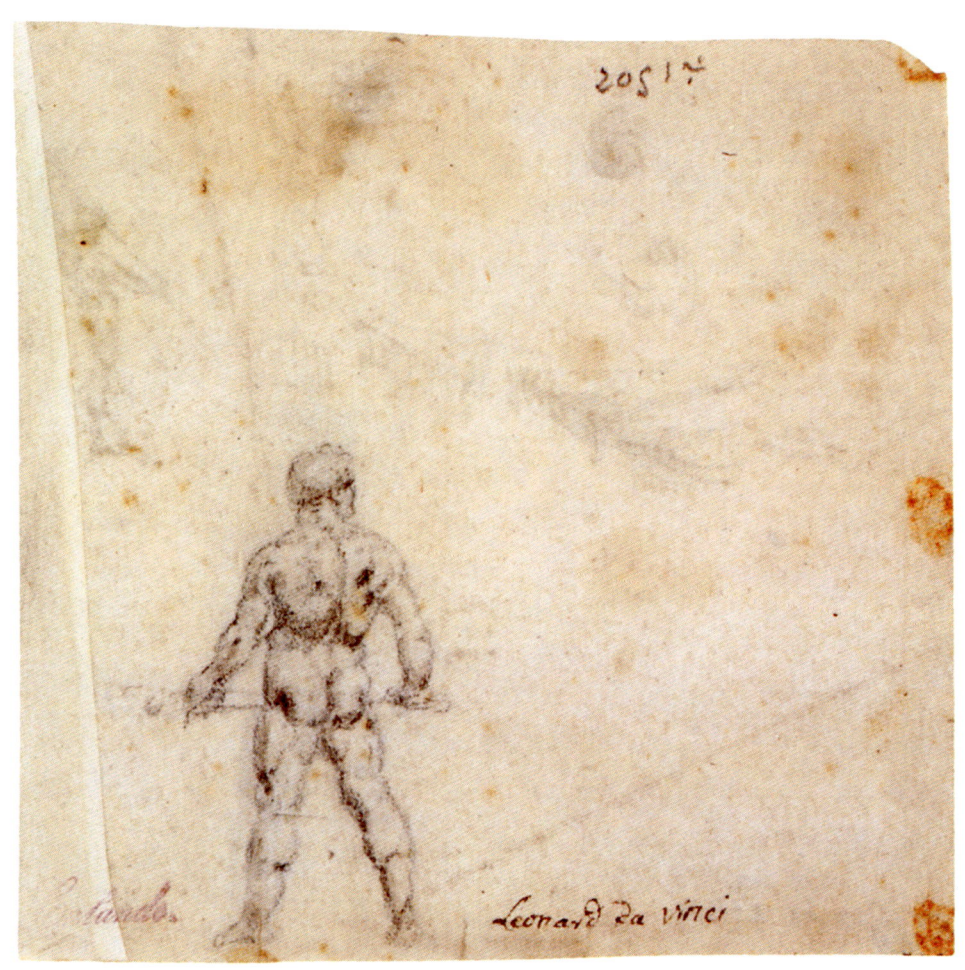

持棍棒的赫拉克勒斯（正面和后方视角）（约 1504—1506）
木炭或浅黑色铅笔，13.7 厘米 × 14 厘米
纽约，大都会艺术博物馆，inv. 2000.328b

品中惊人的力量对抗显然和这些研究有关。

实际上，这幅壁画让画家至少有机会深入思考几个重要的主题：战斗中表现了身体的力量，骑兵和马的紧密关系强化了人类和动物之间的对抗，根据达·芬奇对战争的定义——野蛮的疯狂——二者都参与了这场盲目而狂暴的战争。四肢伸展、挺拔站立的人像加强了观者对力量的感知，并且能够让观者看到人类的整体肌肉结构，不只是四肢，还有背部和脖子的肌肉。

画家笔下的下肢表现得十分传神：从圆规状叉开的双腿上能看到强

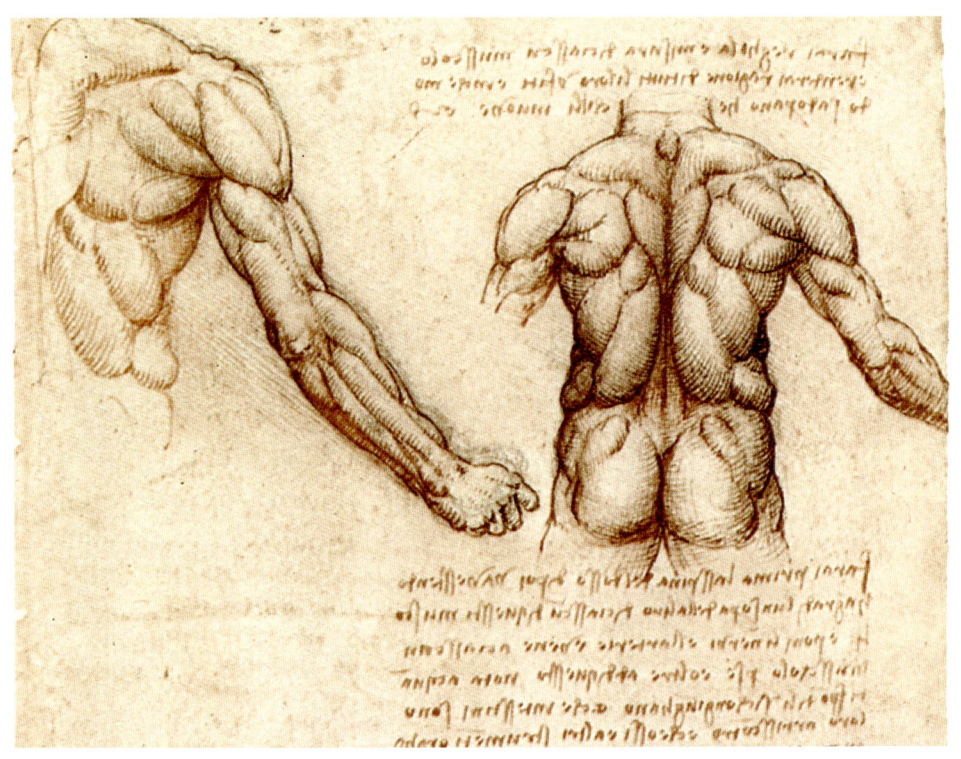

男性站立像的后方视角习作和背部及右臂肌肉习作（约 1504—1506）
羽毛笔，棕色墨水，黑色粉笔，18.9 厘米 × 13.7 厘米
温莎城堡，皇家收藏品，RL 19044r

壮的肌束，从而强调了对应的下肢前部侧面的肌肉轮廓，此处画家按照透视法比例完美地呈现了强壮的侧面肌肉。在都灵皇家图书馆藏品，即正面的《〈安吉里之战〉中裸体肌肉习作和其他人像习作》和背面的《男性站立像的后方视角习作》中，画家以精准、娴熟的笔触表现了大腿伸肌和腿部屈肌，堪比专业的肌肉骨骼部位图。

尽管年代久远，作品的线条有些暗淡，炭棒笔触也略显模糊，但还是能从都灵皇家图书馆收藏的《赫拉克勒斯和纳米亚猛狮》中看到强壮勇猛的赫拉克勒斯的躯体。画家用灵活的线条勾勒出猛狮的躯体，并在狮子那长长的、弯曲的尾巴处结束，这不禁让人联想到达·芬奇定是在波波洛宫后面的"佛罗伦萨狮厅"目睹过什么。这个迷人的题材无法和达·芬奇所受的任何委托联系起来，不过一份备忘录中或有提及。这份备忘录出自《大西洋古抄本》288v-b [783v]

《安吉里之战》中裸体肌肉习作和其他人像习作（约1505）
局部
羽毛笔，左上及右下方有木炭痕迹，竖纹纸，25.4厘米×19.7厘米
都灵，皇家图书馆，inv. 15577

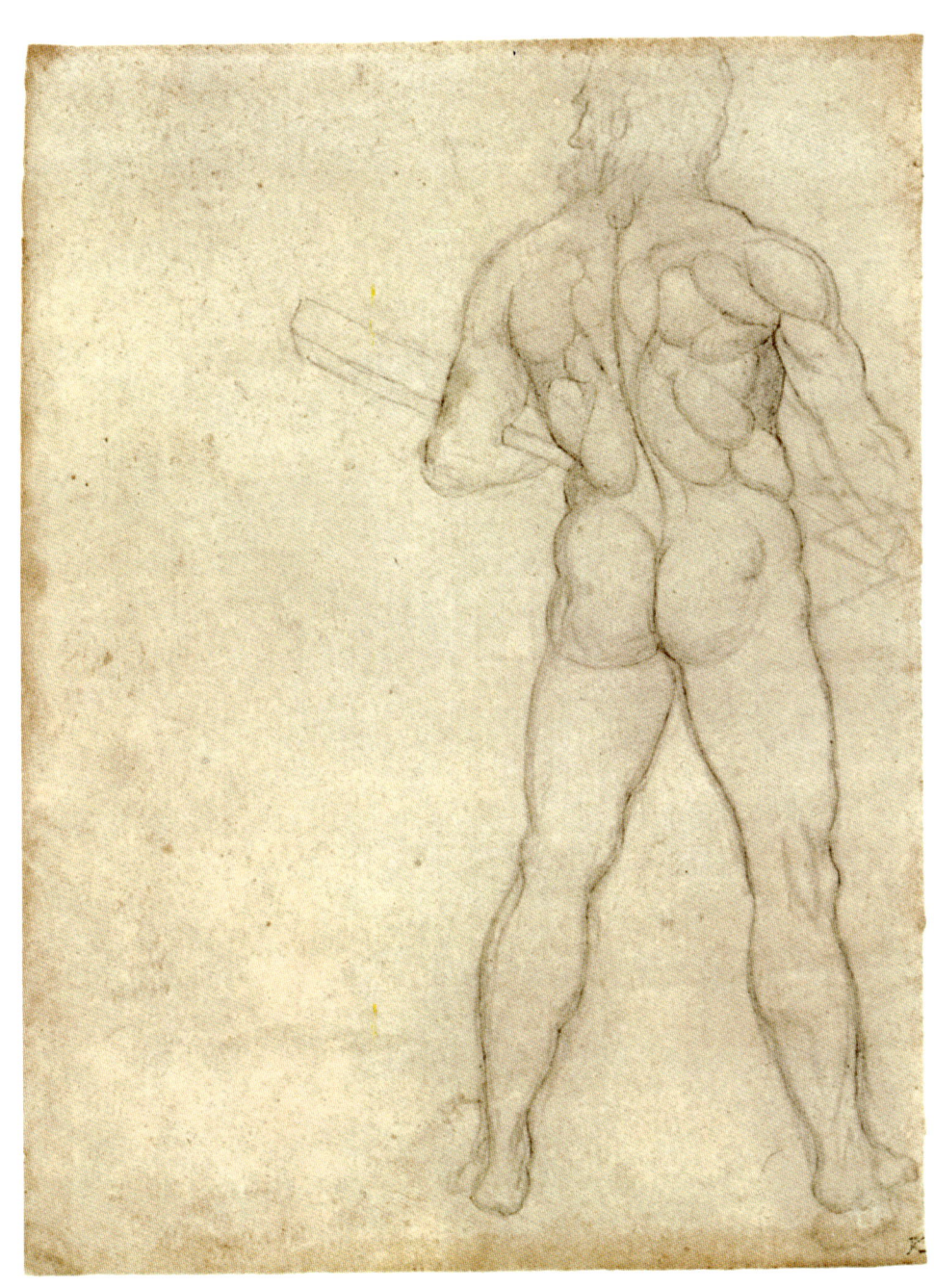

男性站立像的后方视角习作〔约 1504—1506〕
羽毛笔，棕色墨水，黑色粉笔，18.9 厘米 × 13.6 厘米
温莎城堡，皇家收藏品，RL 19043v

水力学习作和人像习作：战士拔剑（约 1504—1506）
羽毛笔，棕色墨水，木炭和浅黑色铅笔，14 厘米 ×13.7 厘米
纽约，大都会艺术博物馆，inv.2000.328a

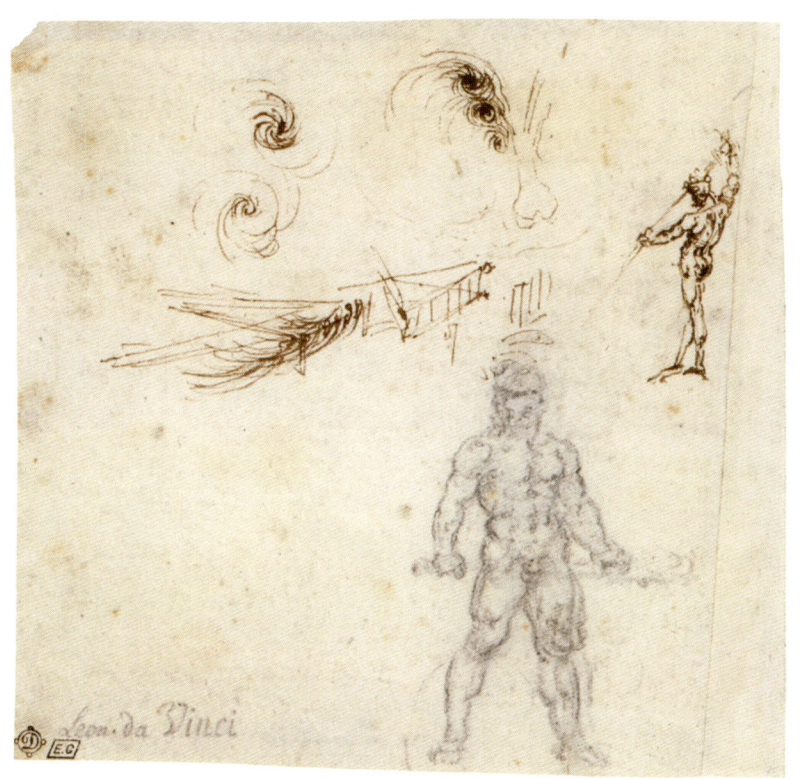

赫拉克勒斯和纳米亚猛狮（约 1505—1506，或更晚，1508 年左右）
木炭和金属尖笔，绘于垂直铺平的白纸上，28 厘米 ×19 厘米
都灵，皇家图书馆，inv. 15630

第二章　从素描到油画

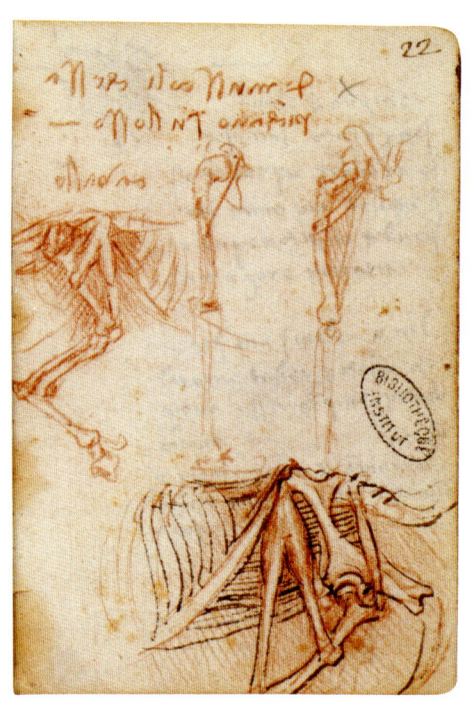 

比较解剖学笔记（约1507）
红色铅笔，9.6厘米×6.3厘米
巴黎，法兰西学会，手稿K，f. 102r

比较解剖学笔记（约1507）
红色铅笔，9.6厘米×6.3厘米
巴黎，法兰西学会，手稿K，f. 109v

上面的一行字透露了两大线索：给"皮耶尔·弗朗西斯科·吉诺里"的"赫拉克勒斯十二功绩"。关于赫拉克勒斯这一题材，达·芬奇创作了很多素描作品，其中包括大量人体背部及下肢的强壮肌束习作。另外，温莎城堡藏品《男性站立像的后方视角习作》中表现的是后方视角的持棍棒男性形象。与前几幅作品非常相似，这幅作品以及《男性站立像的后方视角习作和背部及右臂肌肉习作》同属于解剖学习作手稿B。在藏于纽约大都会博物馆的那幅小型作品中，从正面和背面描绘了一位赫拉克勒斯式的英雄形象。正面上方是水力学习作和人像习作，下方是双手持短棍的赫拉克勒斯那强壮的躯体。背面是同一幅人像的复制，不过因为是背着光对正面形象进行勾勒或描摹，所以是后方视角。在米兰，达·芬奇创作了埃科尔舍手稿，以及人类和马的腿部骨骼肌肉结构的比较解剖学习作（根据技法可以确定时间在1506年—1508年），上面有一段红色铅笔写的备忘录，其中提到了科尔杜西奥，这段残缺的笔记（"……符合科尔多索的高度"）很可

人体及马的解剖学比较习作（1506—1508）

羽毛笔，两种色调的深褐色墨水，红色铅笔，红色背景纸，28.2厘米×20.4厘米
温莎城堡，皇家收藏品，RL 12625 ▶

能暗示着当时雇用了一位看门人作为模特。尽管这是一幅解剖学习作手稿，但其中详尽的肌肉习作，以及人类和马的下肢比较习作，所展现的栩栩如生的美和无可比拟的生命力，都让这幅素描给人留下了深刻的印象。达·芬奇分析了后方视角下的下肢肌肉组织，结果看来比正面视角下的肌肉组织更显强壮有力，尤其是在运动状态下的力量习作素描（似乎和《安吉里之战》完美呼应）中更是如此。这幅手稿的下半部分是人类和马左下肢的剖面图，外侧彼此相对，以便对比两者在肌肉组织和骨骼框架方面的相似性。通过手稿 K 中的 ff. 102r–109v（1507）的初步研究，也可以证明这份素描的完成时间在 1506 年—1508 年。达·芬奇最重要也最惊人的解剖学习作素描之一——卡洛·佩德瑞提也数次强调过——是藏于魏玛行宫博物馆的这份手稿：这是温莎城堡收藏的大量解剖学习作手稿之外的唯一一份单独的习作素描。尽管如此，现已证实魏玛行宫博物馆这份手稿原属于温莎城堡藏品的一部分，习作主题和无可辩驳的手稿学分析都能够证明这一点。

这幅草图的上半部分是一幅人脑解剖图，包括腔室、视神经、脊髓神经以及脑神经。右下角是一幅生动的头部分解图，即纵向的颅内截面图，其中详细描绘了颅盖、有脑神经的大脑和头盖骨。左下角则是一幅男性生殖器示意图。最后，是一段有关更进一步的解剖学研究的笔记。通过正面和背面解剖学素描之间的对比，我们可以发现，和左下角男性生殖器示意图的精确性相比，画家描绘的头部分解图显得十分简洁。同时，还有一些不同寻常的地方值得注意。头部解剖图上依然表现了人类的脸部，但颅盖上没有颅缝。部分颅内截面图似乎并不能互相契合：与面部骨骼相连接的颅骨边缘是用完全平直的线条勾勒出来的，而相对的颅盖轮廓则是凹面的，从下方看去倾斜的角度也突出了这一点。而且，这幅脑解剖图异常风格化：画家描绘的颅脑像是一个简单的半球体，没有说明颅内物质的组成，就像大脑只是由两个半球体组成的，完全没有表现出人脑的错综复杂。因此，我们或许可以认为，这幅速写的目的

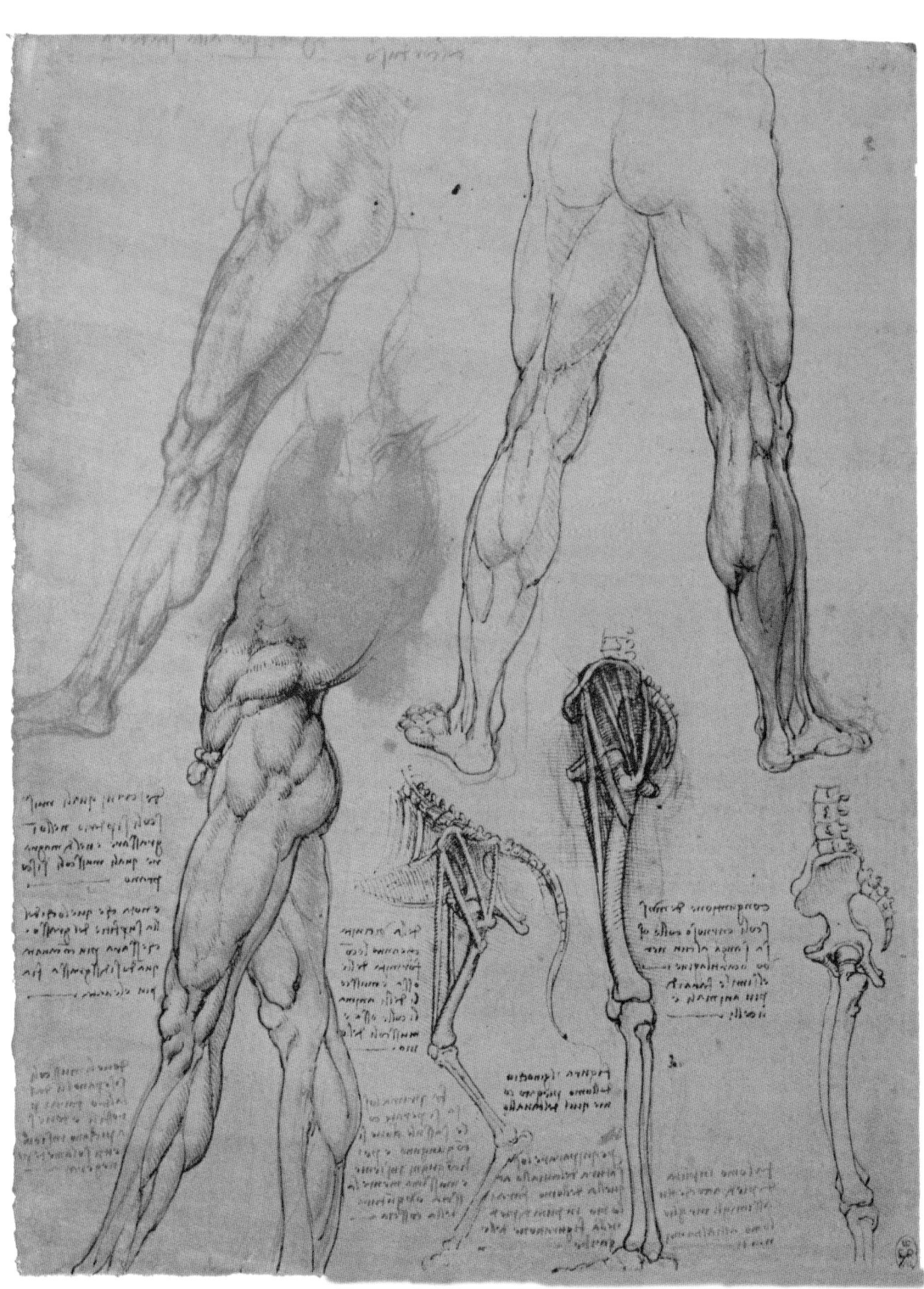

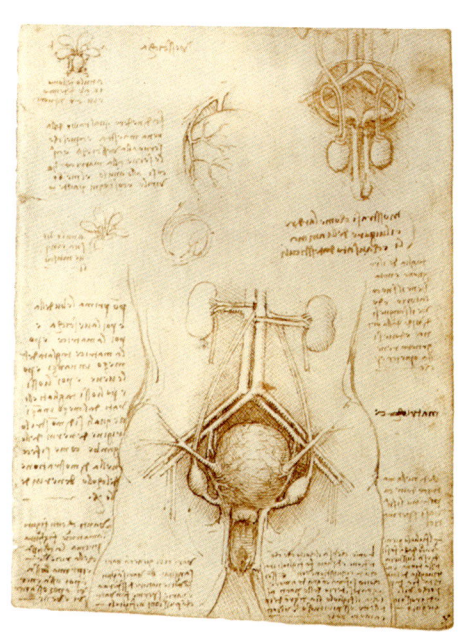 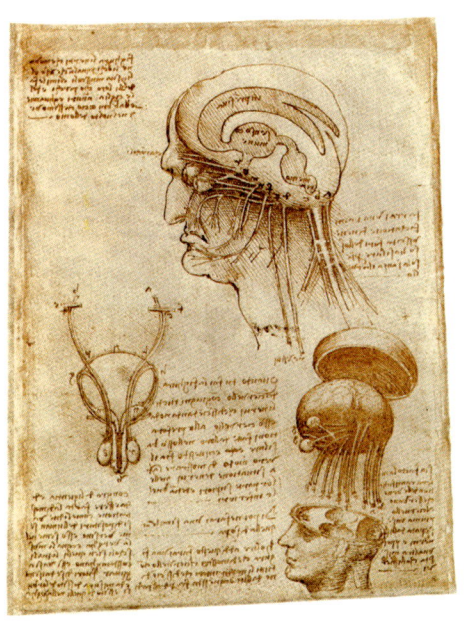

魏玛解剖学研究页（1506—1508）
背面
羽毛笔，深褐色墨水，19.3 厘米 ×14.1 厘米
魏玛，魏玛行宫博物馆，Inv. KK 6287v

魏玛解剖学研究页（1506—1508）
羽毛笔，深褐色墨水，19.3 厘米 ×14.1 厘米
魏玛，魏玛行宫博物馆，Inv. KK 6287r

在于说明大脑被安全、舒适地包裹在头盖骨中，而非像一般解剖图中那样，在于精确地重现其内在结构。

  这幅作品证明了达·芬奇 1506 年—1508 年的兴趣所在：于佛罗伦萨重新开始的精确解剖学研究——与《安吉里之战》有关——以及对于人物侧面轮廓的兴趣，其特征让人想到家族历史悠久、德高望重的领导人物典范，还有艺术与科学的结合，表现在他作品的两面对男性和女性生殖器官形态的研究和思考中。对女性生殖器官的研究可以和温莎城堡藏品 RL 19095v 联系起来，其风格让人联想到勒达像的艺术习作，还有勒达那原始、丰满且充满母性的魅力。具体到这幅作品中，大脑习作和生殖器官习作存在于同一幅素描中，从而形成了生殖与神经系统的对比，似乎让人联想到两个题材：赫拉克勒斯——画家为其赋予了很高的道德地位，从他的轮廓中便可以看出来，以及《勒达》——象征着生育的神秘和生命的奇迹。

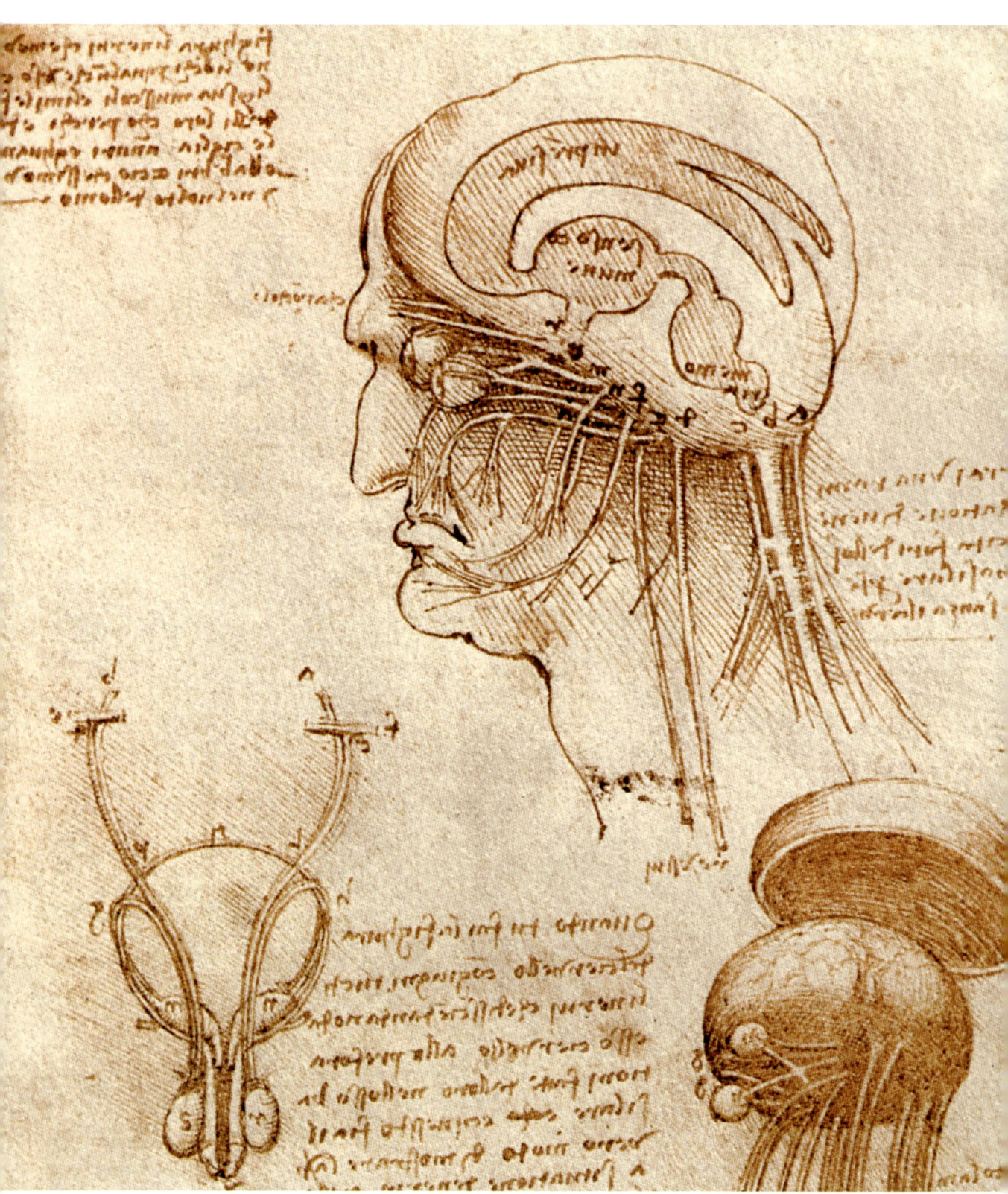

风景

风景和人像
镜像画
木炭，羽毛笔，红色铅笔痕迹，白纸，19.4 厘米 ×28.6 厘米
佛罗伦萨，乌菲齐美术馆，素描与版画工作室，inv. 8Pv

早在达·芬奇的第一幅亲笔签名画作中（藏于乌菲齐美术馆素描与版画工作室,可追溯至1473年8月5日）其主角毫无疑问就是风景。以一种不可思议的安排场景，勾勒轮廓，描绘现实。自上而下的角度使观者能够捕捉到自然场景的深度，从前景中点缀的瀑布和植被茂盛的崎岖地面开始，到后面屹立的小型堡垒，这片自然风景引导着观者的目光延伸至整体景观。那景观徐徐展开又向下蔓延，沿着绵延不断的平原，直到地平线。通过达·芬奇那令人难以置信的传神笔触，我们仿佛亲见这片画家本人十分熟悉的景色——阿尔诺河中段的山谷。画家以"户外写生"的方式定格了这一刻的真实美景，作品的特点鲜明：宽阔的山谷平原，环绕着蒙塔尔巴诺的缓坡丘陵、沃迪尼沃乡间肥沃的土地，富切基奥的帕杜勒沼泽湿地，中世纪典型的托斯卡纳自治镇建筑点缀的丘陵，其间钟楼高耸、海湾凸显、

第二章 从素描到油画

阿尔诺河谷风景（1473年8月5日）
羽毛笔，水彩，白纸，19.4厘米×28.6厘米
佛罗伦萨，乌菲齐美术馆，素描和版画工作室，inv. 8 Pr

海岸岩石锋利，还有耕作良好、秩序井然的田野，河水流经的辽阔肥沃山谷、茂盛的植被。目之所及处，风景缓缓展开。托斯卡纳风格也是《峡谷间的溪流及前景中的鸭子》中的写生主题，这幅作品中描绘了一片岩石山脉，汩汩溪水流经山谷，前景处的湿地上栖息着拍打着翅膀的水鸟。

在描绘岩石并凸显其地质特征时，画家的笔触变得越发精确和清晰，倾斜处用笔迅疾、果断，描绘的鹅卵石则光滑平整，而描绘沟壑顶端的茂盛下层灌木时则模糊、缓慢。阿达河及其支流流经伦巴第阿尔卑斯山前的地区，这幅迷人的美景体现了达·芬奇对植物的兴趣，以及他描绘气象环境的能力。从描绘的《白桦林》局部图可以看出，画家通过平行线条的变化表现出了茂盛的树林那柔韧的好像是被一阵微风吹乱了顶部，而且更精细地描绘出树叶的清晰脉络。树丛的中心处，达·芬奇式笔触达到了精彩绝伦的程度，画家通过涂抹扰乱了连贯的光线，覆盖绿叶的树枝似乎从后方突显了整片树林。这幅手稿背面描绘的一棵树——很可能是一棵榆树——非常符合植物学标准。下方是一段笔记，说明了如何结合光影法则描绘树木及其叶子。《岩层》描绘了一片垂直层叠的沉积岩，已经生成了若干山脊和凸起。这些作品展现了不同规模的圆砾岩，从嵌入砂岩的鹅卵石，到巨型卵石（其形成只能用地壳的剧烈变化来解释）。达·芬奇作品中详细地描绘了自然地质面貌，并根据严格的机械法则反映了地表结构，据此解释了山脉的形成、岩层的成因、风蚀的作用，以及风暴和洪水

岩层（约 1508—1511）
木炭，白纸，16.4 厘米 ×20.1 厘米
温莎城堡，皇家收藏品，RL 12397

第二章　从素描到油画　197

白桦林（约 1500）
局部
红色铅笔，191 厘米 × 153 厘米
温莎城堡，皇家收藏品，RL 12431r

树（约 1500）
局部
红色铅笔，19.1 厘米 × 15.3 厘米
温莎城堡，皇家收藏品，RL 12431v

的破坏力。

达·芬奇认为，河流、湖泊、海洋侵蚀物质的沉淀形成了沉积过程，因此地壳的形成是水运动的结果，化石的存在也证明了这一点。也就是说，远古时代栖息于海洋的有机体在很多年后成了山脉顶端岩石的组成部分。因此，达·芬奇认为，因其永不间断的侵蚀活动，水是最根本的动态元素。《积雪覆盖的山峰》描绘了一片罗莎峰与维佐峰环绕下阿尔卑斯地区的岩层结构景观。多亏这幅红色背景作品，达·芬奇成功地呈现了牧场在晨光下的真实景象，用红色铅笔和铅白表现出了高耸的山脉积雪覆盖的山顶在晨光下闪闪发光的景象。闪光的一面给人以深刻的印象，这一面径直出现在光亮处，好像骄傲地屹立在其他山峰中间，其中最高峰投射出的阴影产生了绚丽的光影效果，这种简单但惊人的技法创造了这样的效果——寥寥几笔拿捏准确的铅白，便将这幅精彩绝伦又栩栩如生的鸟瞰风景图呈现。安吉洛·雷卡尔卡蒂辨认出图中的山峰，且理由相当令人信服。他认为达·芬奇有机会从米兰中部一个非常高的地方观察晨光下的前阿尔卑斯地区，很可能是斯福尔扎城堡的最高塔，或米兰大教堂的顶端，后者当时正在修建中。

《横向岩层》中表现的是一片水平方向的岩层，草本植物和小型灌木状的树木生长在岩石的裂缝中。从这幅作品无比传神的层状地质结构中可

横向岩层(约 1510—1513)
黑色铅笔,羽毛笔,墨水,白纸,纸张中央偶有红色铅笔印记,18.5 厘米 ×26.8 厘米
温莎城堡,皇家收藏品,RL 12394

以看出,这幅作品应该是对真实景观的写照,同时这幅作品也引起了达·芬奇对地球起源的思考。根据对山脉和河流的直接观察,达·芬奇提出了一个革命性的假说,即岩石是由水的运动带来的沉积物质形成的。另一个关于岩石的创新性观念是河流会侵蚀岩石,并永不停歇地将其沉淀物带到海洋中去。

因此,就算相距很远的两个地方也可能存在相似的化石。当时,人们普遍相信,困在远离海洋的高山岩石中的贝类和化石是大洪水的有力证明,或是由于深不可测的天堂神力造成的。达·芬奇挑战了这类理论,并称其支持者为"一帮无知的乌合之众"。因此,他是当时第一个认识到化石是生活在远古时代的有机体,被保存在岩层中,并在地壳升起后形成了山脉。达·芬奇的思想极具革新性,甚至走在了现代地质学理论之前:化石对于达·芬奇,就像化石对于当代古生物学家,讲述着地球的历史和不同地质时期的顺序。

积雪覆盖的山峰（约 1511）
红色铅笔，铅白，红色背景纸，10.5 厘米 × 16 厘米
温莎城堡，皇家收藏品，RL 12410

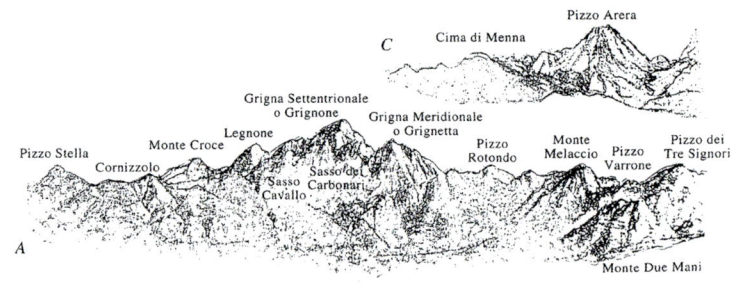

达·芬奇画的山峰辨析图
安吉洛·雷卡尔卡蒂
出自《莱奥纳多·达·芬奇学术报》，第十期(1997)，125–133 页，图 2

花卉与植物

天使报喜(约 1475—1478)
局部
木板蛋彩油画,98 厘米 ×217 厘米
佛罗伦萨,乌菲齐美术馆

达·芬奇的素描以不同形式对自然进行了深入的观察、研究和描绘,无论大小,达·芬奇都倾注了同样的心血投入创作。达·芬奇的作品中,神秘的气息无处不在,在长满叶子的树枝上,在果实生长的习作中,在人体,在心跳,在女人的微笑,在鸟儿的飞行,在文艺复兴时期女性精致的发辫,在日落,在各色娇艳的花朵,在互相嬉戏以及打斗的动物中。这便是达·芬奇想要通过其习作揭示的秘密:揭示所有人类、植物和动物那永不停滞的生命之流的秘密。瓦萨里指出,早在接受第一份委托时,达·芬奇就非常重视植物学研究:"送给葡萄牙国王的礼物是一件佛兰芒黄金织物和色织真丝制成的夹棉窗帘。达·芬奇的任务是绘制草图,其中绘有伊甸园里犯了原罪的亚当和夏娃。达·芬奇用明暗对照和铅白加强的手法表现

天使报喜（约1475—1478）
局部
木板蛋彩油画，98厘米×217厘米
佛罗伦萨，乌菲齐美术馆

天使报喜（约 1475—1478）
局部
木板蛋彩油画，98 厘米 ×217 厘米
佛罗伦萨，乌菲齐美术馆

草地上难以计数的草本植物和动物。可以说，人世间再没有如此超凡的头脑能在精准程度和自然表达方面与之媲美。"在和老师韦罗基奥共同创作并被波利齐亚诺盛赞不已的《维纳斯与丘比特》中，那包裹着女神和丘比特的自然元素——花朵、植物和小型动物——明显出自达·芬奇之手。除了对生活中观察到的事物进行研究之外，一些手册指南、动物寓言和草药志对于扩展达·芬奇的自然知识也起到了关键性的作用。

达·芬奇将《天使报喜》的背景放在了一座建筑物外面的栏杆之外，这样一来便能够描绘室外的自然景观。天使加百列刚降落在柔软的草地上，就用白色百合和祝福之手问候圣母。这一瞬间圣母震惊不已，她敬畏地举起一只手，另一只手却没有离开书本，停留在她正读到的地方。真正震撼人心的是其中的自然景观。遍布鲜花的草地不再像波提切利的《春》中描绘的那样，遵循植物学手册的传统模样：风格化的花朵和草本植物被真实的花草代替，几乎是现实生活的写照。

画家笔下的银莲花、百合、雏菊、矢车菊和西番莲都如此真实且贴近自然，表现出难以抗拒的活力。值得注意的是，画中的草丛仿佛真的在爱抚天使的长袍，那长袍铺陈在草地上像是皇室的斗篷。值得注意的是，画家在天使手持的百合中倾注了特别的心血：一根花茎上的数朵花分别表现出了花朵绽放的不同阶段。《百合花茎、花朵与花蕾习作》这幅素描也是如此，其中描绘了一枝圣母百合，画家高超的技巧和娴熟的笔触完美地呈现了植物的自然形态，其中能看到不同形态

百合花茎、花朵与花蕾习作（约 1475）
黑色铅笔，羽毛笔，墨水，铅白加强；金属尖笔和黑色铅笔绘制的透视法结构框架，
31.4 厘米 ×17.7 厘米
温莎城堡，皇家收藏品，RL 12418

的雌蕊，花冠上细细的浅色脉络，在光影效果下显得愈发真实、立体。题材和穿孔刻印的痕迹都能说明这幅素描和乌菲齐美术馆馆藏《天使报喜》中的天使所持的百合有紧密联系。不过，两者在花茎的方向和花朵的布局上有所不同，让人想到这或许是达·芬奇为另外一幅作品所作的习作。或者，根据空白背面的颜料痕迹可以看出，这可能是这幅油画另外一个版本中的花朵。现藏于伦敦国家美术馆、出自韦罗基奥画室的《圣母与天使》中也有一朵非常相似的百合。其中有一段虽然不完整但是十分明显的透视法的运用，与这幅素描背面的金属尖笔痕迹十分相似。达·芬奇的手稿中也出现了百合这一题材，其中他强调了与自然、植物和动物相关的道德象征及其寓言和魔法特性。普林尼的《博物志》、切科·达斯科利的《阿采儿巴》以及 *Fior di Virtù*，这些著作都为达·芬奇提供了知识来源和范例，才使得他能够创作自己的故事。

这幅素描也让人想起达·芬奇在手稿H44页正面一张中的注释。当时他正研究伦巴第运河开凿的工作，其中一段文字这样写道："提契诺河岸百合盛开，流水冲刷着河岸，也洗涤着百合。"百合是阿尔伯蒂的《寓言》中的第一则寓言，之后又出现在了达·芬奇的寓言中。手稿B中的一页上发现了一丛可爱的紫罗兰。这幅草图是这张空白纸张上的第一幅作品。几年后的1487年—1490年，画家给上面加了一些有关焊接工具的笔记，还有一块铁板和一个木槌。这幅手稿的中心是一丛美而精致的紫罗兰，线条表现出惊人的精准和明确：细长而柔韧的花茎从青草遍布的地面上生长起来，每一枝上都长着矛尖状的叶子和一朵花。从左至右勾勒出的影线成功地呈现了花朵的自然状态。画家并没有描绘它们确切的位置，而是更多地捕捉了花朵中动人的美。米兰和阿尔卑斯周围的环境激发了达·芬奇对全新深度创作的兴趣，从两个版本《岩间圣母》的对比中便可以看出来——伦敦版本创作于十年后，大概在1491年—1494年和1503年，由于圣母无染原罪兄弟会产生了一些分歧，与巴黎版本存在一些不同之处。其中的植物有一种全新且令人难以抗拒的活力。或许是达·芬奇在两个版本之间的时间段里进行全新创作的结果，这证实了达·芬奇对自然领域有了更多的知识储备。画家在植物学方面的自信使得他能够从大量植物中进行选择：比如说，他可以分辨出松虫草和水仙花的品种，并以无与伦比的精准度描绘出来。另外，与《勒达》相关

紫罗兰、焊接工具、木槌、铁板草图及笔记（约1485）
局部
羽毛笔，墨水，23.3厘米×16.8厘米
巴黎，法兰西学会，手稿B，f. 14r

薏苡（约 1508—1510）
羽毛笔，墨水，隐约有黑色铅笔痕迹，21.2 厘米 ×23 厘米
温莎城堡，皇家收藏品，RL 12429

的习作素描在自然景观的细节方面也是如此，并且对其进行了研究。《圣星百合、五叶银莲花以及下方的两种大戟类植物》中描绘了三种不同类型的植物，用目录编撰人员的严苛目光观察，并以绘画大师的生动笔触勾勒了这些来自现实生活的植物。每株植物都以精准的方式表现出来，而且实际上是以现代植物学家所采用的方式呈现的。

画面中心，各种植物围绕的所谓的圣星百合（伯利恒之星），长着星形的花朵和细长、柔韧的叶子；在它周围，有毛茛，不过只用笔和墨水绘出了一部分，有五叶银莲花，右下方有一丛大戟，长着长长的花茎，附近有散落的种子。《勒达》中草地上那明显的波浪状丛生植物可以从圣星百合美妙的螺旋状叶子中找到雏形——达·芬奇对于自然之力的表现似乎出现了交集。事实上，达·芬奇花费了大量时间研究波浪状的叶子似乎和旋转运动及漩涡形态有相通之处，因而形成了与流水、与文艺复兴时期女性精美的发辫及植物波浪状的叶子相类似的效果，就像有一阵风搅动了其中的活力。因而，在他的绘画作品中植物、水流和发式的形态表现，也是他对无尽变化的自然界生命的力量的思考和理论探索。画家对于稀有植物的研究和热爱表现在《薏苡》中，这幅作品表现的是一种草本植物，一般称为薏苡（约伯的眼泪[①]）。植物细长

[①] 薏苡有一层红色的麸皮，加上形状像眼泪，仿佛约伯泣血的泪珠。约伯是《圣经》里的苦情人物。——编者注

圣星百合、五叶银莲花以及下方的两种大戟类植物（约 1506—1508）

红色铅笔，羽毛笔，墨水，19.8 厘米 ×16 厘米
温莎城堡，皇家收藏品，RL 12424

柔韧的茎分成了两部分，像是两条舒展的尾巴。两根花茎上都长着矛尖状的叶子，若干片叶子逐渐包裹，终止于最上面的花朵处，花朵上满载着卵壳状的种子。一条有趣的知识表明：除了珊瑚、珍珠母、象牙和珍珠这类珍贵难求的物质之外，薏苡的浆果也经常被用来做念珠。因为它的大小、光泽、亮度、耐久性及最重要的，是它特别适合精细的穿孔处理，成为最常使用的材料之一。

两版圣母

达·芬奇在米兰收到的第一份委托来自圣母无染原罪律修会的修士。修士们于1483年4月25日委托他为教堂圣坛创作一幅大型油画。这座教堂是加莱亚佐一世·维斯孔蒂的妻子——贝亚特丽切·德斯特于14世纪在圣方济各教堂主持修建的。虽然这幅作品的创作时间在1483年—1485年，但达·芬奇直到1491年—1493年才收到最终报酬。当时他们向卢多维科·斯福尔扎呈递了请愿书，请求额外的报酬。达·芬奇和乔瓦尼·安布罗吉奥·德·普雷迪斯兄弟——埃万杰利斯塔和乔瓦尼·安布罗吉奥参与了这幅伟大作品的创作，并将这幅作品装进了1482年由贾科莫·德尔·马伊诺雕刻的画框中。一般认为，这幅作品是这样分工的：两个侧面的隔扇出自乔瓦尼·安布罗吉奥·德·普雷迪斯之手，描绘的是音乐天使，一位穿绿衣持小提琴，另一位着红衣持鲁特琴，这两幅作品都收藏在伦敦国家美术馆。分配给埃万杰利斯塔的任务是给木质圣坛装饰画上色和镀金，而主要部分则由达·芬奇完成。主要部分描绘的是岩石环境下的圣母，正将婴儿圣约翰介绍给圣婴耶稣，她左手边的一位天使正注视着这一切。题材的罕见和人物的非凡之美都给创作带来了困难，造成了作品中焦虑而颇为梦幻的氛围。光亮部分显现了前景中的人物，也凸显了作品的布局，仿佛在欢迎画中人物把这奇花异草覆盖的岩石当作床铺，迷雾一般的阴影则被隐去。跪着的圣母似乎集成了达·芬奇第一次逗留佛罗伦萨期间进行圣母习作创作时尝试过的所有的美的标准。置于圣婴上方的祝福之手，抚摸婴儿圣约翰背部，千万缕金丝组成的美丽秀发，还有庄严、高贵的气质，所有这些细节都让圣母成了画面中的主导人物。作品中

根据委托文件重现的岩间圣母圣坛装饰画轮廓
卡洛·佩德瑞提

抱银貂的女子（1485）
木板油画，53.4 厘米 ×39.3 厘米
克拉科夫，扎托里斯基博物馆

岩间圣母（约 1483—1485）
局部
木板油画，转移至画布，197.3 厘米 ×120 厘米
巴黎，罗浮宫

的天使有着震撼人心的美，面庞中有一丝忧郁气质，转向观者，构成了画面中的陪衬角色。这位天使形象的习作可以追溯到 1483 年—1485 年，收藏于都灵皇家图书馆，伯纳德·贝伦森称其为"世界上最美的画"。鉴于作品所表现的极致的美，这幅作品很可能是一位真实人物的肖像画。这幅半身像止于肩膀和胸部曲线，人物为后方四分之三视角，身体稍稍扭转。卡洛·佩德瑞提将其定义为"后方肖像"。已经有学者提出，从这位天使的面容中可以看出切奇利娅·加莱拉尼——美丽动人的克拉科夫扎托里斯基博物馆藏品《抱银貂的女子》主人公的特征，尽管位置和角度有所区别，其肖像也是后方视角。在这幅作品中，人物的头部向后转，眼睛看向观者，仿佛在邀请观者去发现什么奇妙的东西。她面庞上的笔触果断、有力，娴熟的光影表达加强了整体的效果。她动人又充满好奇的眼睛吸引着观者的注意，而她的表情像是要捕捉圣母转身的一瞬间，仿佛有人在画面之外叫了她一声。

另一方面，作品的其他部分的处理手法则非常随性。这幅半身像中，画家用简单几笔勾勒出了长袍的侧

岩间圣母（约 1483—1485）
局部
木板油画，转移至画布，197.3 厘米 ×120 厘米
巴黎，罗浮宫

面——长袍的领口比较大，蓬松的衣袖自肩膀落下，脸庞周围有长长的鬈发，帽子也几乎裹不住她浓密的头发。这幅作品启发了关于达·芬奇的评论中最富诗意的文字，里克特证实了这幅作品是罗浮宫《岩间圣母》中天使的习作，取材于现实生活。"或许比油画版本的更加吸引人。"1952年茱莉娅·布鲁内蒂如此评论。

尽管非常困难，但第一版油画的构图和布局十分完美：照射进来的阳光让整个画面沉浸在梦幻般的氛围中，让观者惊讶于竟能目睹天使的显形。

第二版《岩间圣母》应该开始于1493年—1495年，完成的时间不早于1506年—1508年，完成后便出现在了圣方济各教堂的圣坛上。第二版作品的画面明显偏离了第一版中典型的佛罗伦萨痕迹，表现了独立且非常成熟的风格。由于视角更近，人物形象变得更加引人注目，而姿态则保持一致。而且，清冷的月光使得人物表现更加精准。第二版作品中的自然环境更加明显和舒适，不同寻常的、多样的植物也是如此。在这些引人注意的不同中，在第一版《岩间圣母》中优雅地指向圣约翰以便更好地平衡画面中四个人物的手势被隐去了。另外，

岩间圣母
伦敦，国家美术馆版本

岩间圣母（约 1483—1485）
局部
木板油画，转移至画布，197.3 厘米 ×120 厘米，
巴黎，罗浮宫

岩间圣母（约 1506—1508）
局部
杨木油画（画框加固），189.5 厘米 ×120 厘米
伦敦，国家美术馆

分别为耶稣和圣婴施洗者加上了宗教象征物：光环和无柱十字架。事实上，第二版作品中的人物布局遵循建筑美学原理，从而形成了向心力方向的布局，让人想到布拉曼特设计的坦比哀多礼拜堂的圆形结构。最后，这幅作品将人物放在了一个地质洞穴中，为圣人和天使的现身提供了安全的场所：清冷的月光和匹配的冷色凸显了人物的坚定神情，同时突出了每一处细节。作品中人物形象和自然景观的参与程度相当：情感态度赋予了二者活力，同时也带来了神圣感。而俗世的温柔和甜美则使得这种神圣氛围不显疏离。

蒙娜丽莎

蒙娜丽莎（1513—1515）
杨木油画，77厘米×53厘米
巴黎，罗浮宫

　　再没有哪幅作品像《蒙娜丽莎》那样笼罩着神秘的气息和魔力："达·芬奇承诺为弗朗西斯科·德尔·焦孔多的妻子蒙娜丽莎创作肖像画，历经困难重重的四年，这幅作品还未完成。如今这幅作品曾被法国国王弗朗索瓦一世收藏在枫丹白露宫。如果想知道艺术能够模仿自然到何种程度，可以观察蒙娜丽莎的头部，这幅作品中甚至微小的细节都能够被巧妙、自然地模仿。画中人物的眼睛水波流转、灼灼烁烁，像是经常见到的真人的双眸。眼周有微红的阴影，秀发款款落下，可以看出画家为这些无可挑剔的细节花费了很多的心思。眉毛从皮肤中生长出来，依毛孔弯向一边，偶尔厚重，偶尔稀薄，颇为自然。鼻子上微红色和纤细的线条显得栩栩如生。她双唇微微张开，嘴角的红色和面部肌肤融为一体，让人觉得这不像是颜料绘出的，倒像是活生生的肉体。仔细观察她咽部的凹陷，便能感受到脉搏的跳动。实际上，我们可以确定地说，这幅作品及其细节，无论多么大胆的艺术家看了都会震撼且敬畏。蒙娜丽莎美貌倾城，达·芬奇曾请人在一旁为她奏乐歌唱，还有弄臣专门逗她开心，只为扫去肖像画人物常有的忧郁气质。达·芬奇如此大费周章，才描绘出了蒙娜丽莎的动人表情，并被奉为世间无人能及的极品。"1517年10月10日，安东尼奥·德·贝亚蒂前往克卢克城堡拜访达·芬奇，有幸欣赏到三幅"非常完美"的画作，并对其进行描述。之后，乔尔乔·瓦萨里在他的《生平》中写道："一幅画的是年轻的施洗者圣约翰，一幅画的是坐在圣安妮腿上的圣母与圣婴，还有一幅是'一位佛罗伦萨夫人'的肖像画。"

根据乔万尼·保罗·洛马佐1584年的记录，这幅作品被法国国王以12000斯库多的价格购得。一些消息来源称，这幅画中的人物是弗朗西斯科·德尔·焦孔多的夫人丽莎·格拉迪尼，但未经证实。事实上，洛马佐称画中人物是"那不勒斯人"，而德·贝亚蒂的作品中则说画中人物是"奉已故的伟大的朱利亚诺·德·美第奇之命为真实人物创作的肖像"。根据后者的记述我们可以确定，画中人物或许是帕奇菲卡·布兰达诺——朱利亚诺在罗马时的最爱（1513年—1515年，达·芬奇曾和公爵一同前往罗马）。除此之外，还有其他很多为确定画中人物身份所做的尝试，但很少被证实，其中有人提出画中人物是科斯坦扎·德阿瓦罗斯或是迦兰达，德·贝亚蒂也提到过。然而，不能忽视的是，在1505年之前拉斐尔曾分别在不同的作品中模仿过这幅肖像画——尤其是在分别藏于罗浮宫和里尔博物馆的两幅作品中，《玛达莱娜·多尼》肖像画中人物的姿势和《蒙娜丽莎》一致。而藏于华盛顿国家美术馆的《圣母子》则让人想到达·芬奇关于手的习作。如果较晚的年代确定更可靠的话（再加上艺术风格因素），我们可以猜测，拉斐尔曾目睹过达·芬奇的这幅作品，或者至少见过达·芬奇一直带在身边且带去法国的半成品。我们还可以猜测，1503年—1505年，达·芬奇在佛罗伦萨开始为弗朗西斯科·德尔·焦孔多创作这幅肖像，但由于当时未能完成，所以他将这幅作品带到米兰，后来又和朱利亚诺·德·美第奇一起带到罗马——当时正在罗马为教皇工作的拉斐尔可能是在这里见到了这幅作品——最后这幅作品随达·芬奇一起来到法国，也最终在此完成。鉴于其悠久的起源，重复出现的达·芬奇式诗意表达，例如对人物情绪的表现，具体到此作是对画中女子神秘气质的精准把握，代代相传且保存完整的《蒙娜丽莎》成了达·芬奇最主要的作品之一。此外，这幅肖像画也是达·芬奇风景研究的集大成之作：不再是佛罗伦萨时期的鸟瞰景观，而是环绕人物的迷雾一般的晦暗风景。事实上，尽管一眼望去仍能看到背景中蜿蜒的道路和小桥，

蒙娜丽莎（1513—1515）
局部
杨木油画，77厘米×53厘米
巴黎，罗浮宫

但占主导地位的仍是几乎呈碎屑状的地质景观——凝岩,这让人想到达·芬奇之前在"大洪水系列"习作中的那荒凉且仿佛预示着无边灾难的朦胧的氛围。结果是,尽管围绕画中人物是谁的争论从未间断,但作品表现的生命力已经足以让人们忘了关心这位夫人的姓名。此幅作品的艺术风格为达·芬奇赢得了不朽的声名。

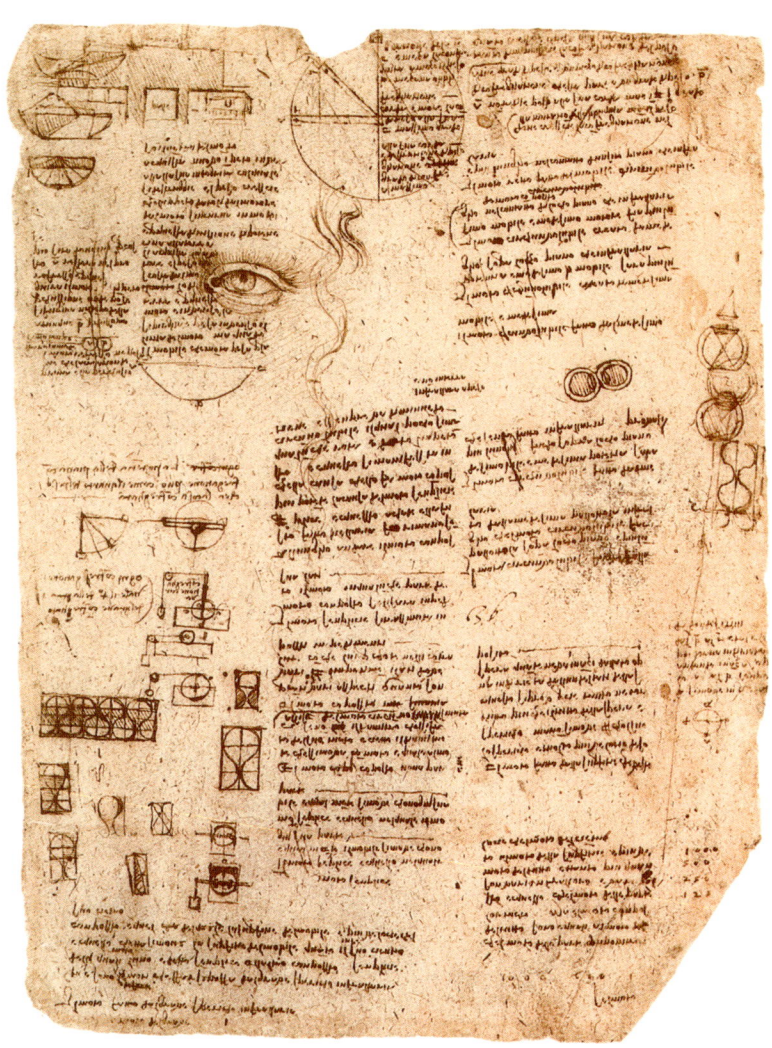

眼睛及几何学习作(约 1504)
镜像
局部
羽毛笔,颜料,26 厘米 ×18 厘米
米兰,盎博罗削图书馆,大西洋古抄本,f. 864r [315r–a]

大洪水

风暴及冲击着海湾和岸边堡垒桥梁的浪潮（约 1515）
黑色铅笔，羽毛笔，墨水，纹理纸；风暴用黑色铅笔单独绘制，16.3 厘米 ×20.6 厘米
温莎城堡，皇家收藏品，RL 12401

《风暴及冲击着海湾和岸边堡垒桥梁的浪潮》这幅素描属于"大洪水系列"的十张手稿之一，即这一系列作品表现了达·芬奇在生命的最后几年对大型灾难景观的潜心创作。通过《大西洋古抄本》79r–c [215r] 中关于洪水的素描，以及关于 1515 年弗朗索瓦一世之意大利战争的笔记，我们可以大致确定这些素描的日期。在某种程度上，这些作品成了画家向自然的毁灭之力屈服的遗言。画家通过寥寥几笔（占据了每张手稿的全部），表现了自然环境（尤其是风和水）那可怖的狂怒，完全超越了画家在此之前的地质学和水力学习作。每幅作品都在歌颂自然之力的伟大，同时指明

不同主题的笔记和一幅大洪水速写（约1515）
局部
羽毛笔，纹理纸，19.8厘米×29.6厘米
米兰，盎博罗削图书馆，大西洋古抄本，f. 79r-c [215r]

了人类对抗或承受自然之力的不可能性：似乎无论是被打倒在地的骑手还是树（被暴怒的狂风压弯在地或是连根拔起的树）都无处可逃，无所遁形。

满载雨水的黑云仿佛急转直下席卷了岩石，画面右侧边缘岩石已被可怖的黑云吞没。达·芬奇在一张又一张的手稿中精准地描绘了自然环境的狂怒所带来的无穷的毁灭之力。对达·芬奇来说，在这幅作品中，灾难才刚刚开始：空气、风和水不断地袭击着这座看似坚固的城池，人类的踪迹早已消失不见，绿色山丘上的树冠随狂风摇摆不定。前景中有一座造型传统的城堡和塔桥守望着海湾，但也即将受到洪水和暴风的鞭笞。另一方面，作品的背景尚未完成，略显模糊，不过从笔墨浓稠且旋转着的旋风中可以看出，此地也已彻底被来势汹汹且厚重的暴雨和黑云吞没了。右侧的黑云中间勉强能看到某种厚重的布料正随风飞舞，与《大西洋古抄本》317r-a [871r]中描绘的十分相似。卡洛·佩德瑞提鉴定后认为那是军用帐篷。织物的轮廓被狂风吹出了褶皱和波浪，让人联想到运动下的空气和水的线条。

另外，作品对山脉、河流、自然

现象的观察也至关重要：在《大西洋古抄本》328v-b [901r] 中，达·芬奇将红海的形成（被认为是山脉崩塌的结果）和当时发生的一次灾难进行了比较，"因为我们亲眼见过类似的事情，一座 11265.4 米高的山脉倒塌，堵塞了山谷，形成一片湖泊"。达·芬奇所提到的这次事件的确发生过，保罗·乔维奥在他 1568 年出版的著作《历史》中有记载。根据书中的详细记录得知，1513 年的一场地震导致贝林佐纳附近的一座山谷被切断，布莱尼奥河（提契诺河的支流）原本流经这座山谷，山谷被切断后形成了天然水坝。20 个月之后，即 1515 年，巨大的水压导致堰塞湖决堤，给当地造成了巨大的损失，甚至冲走了在此扎营的一个瑞士军团。莱安德罗·阿尔贝蒂也提到了 1513 年的这次灾难，他在 1550 年的著作《意大利概貌》中详细写道："多年前的一场地震导致山上的土石大量滑落，横穿山下布莱尼奥河流经的山谷，导致这条河流无法再按照原来的河床流淌，被堵塞的河水形成一片宽阔而黑暗的湖泊，决堤之后的洪水卷走了无数条无辜的生命，冲毁了人们的房屋，造成巨大的灾难。时间流逝，滚落下来的土石日渐松软，再也承受不住巨大的水体，堰塞湖冲垮了天然水坝，再加上原河道无法容纳水体（原本流入提契诺河），因而给附近地区带来了巨大的损失，甚至连一些十分坚固的建筑也未能幸免，比如卢多维科·斯福尔扎在贝林佐纳附近建造的堡垒。"《大西洋古抄本》f. 317r-a [871r] 这幅素描中，表现了几片抛向空中的破损军营织物，让人想到旗手扬起的旗帜优雅地舒展。这幅作品呈现了自然环境影响下的力量线条的研究，因此可以看作是对亲历事件的细节表现。比如，布料让人想到威尼斯舞者那极富韵律的舞姿，或是《伸出手指的女子》中那微微波动的衣裙，女士的身体扭转面向观者。这幅素描景观中的象征元素似乎是对大洪水的阐释，因而成为这一系列作品的理想代表，而这一系列的所有作品中都可以看到 1515 年贝林佐纳灾难的影子。这场灾难因堰塞湖决堤而起，在保罗·乔维奥的《历史》中有详述。"大洪水系列"最为著名的素描作品要数《瓢泼大雨冲击下崩坏的石墙，以及造成的巨大波浪和烟尘》。这幅作品描绘了地球的毁灭，画面中大部分石墙都已崩塌，溢出的水流抛起石块，一时间仿佛天崩地裂，巨浪滚滚，尘雾缭绕。作品中间偏上处有一段关于雨的文字，写道："通过线条的不同间距和颜料的不同深度可以表现出

六只被扔向空中的类似旗帜的物体素描及帐篷框架平面图和立式图（左侧边缘，一幅失传的大洪水钢笔素描残片）（约 1515）

羽毛笔，纹理纸，20.2 厘米 × 16.4 厘米

米兰，盎博罗削图书馆，大西洋古抄本，f. 317r-a [871r]

雨水落下的不同强度，因其稠密度不同，最深色的便是距离最近的。"

因而，有人认为"大洪水系列"作品是为计划中的《绘画论》所作的插图，就像达·芬奇亲笔总结的，"其他主题会在这本绘画之书中一一详述。"这幅作品描绘了大自然的暴怒降临前的瞬间，所有人类的踪迹全都消失：达·芬奇表现了暴风、乌云和倾盆大雨的威力，仿佛唯一能做的便是绝望地看着岩层崩裂。达·芬奇之前对大洪水末日景象的习作中也描绘过类似的地质景观。在这场席卷万物的盲目的毁灭力之中没有混乱，只有破坏的和谐，就像是听命于上神的意志。正是这股力量带来了自平地升起的可怕旋风，席卷且颠覆了一切物质，将其撕碎并抛向风与水的暴怒之中。这股毁灭之力似乎遵循着精准的法则，而这法则反过来又控制着这场暴怒。从未改变其法则的正是大自然，仿佛达·芬奇又一次虔敬地凝视着这超凡的律动、美的镜像和造物的和谐。这幅素描的背面是所谓的"天使化身"：Astrapen、Bronten 及 Ceraunobolian。这三个希腊词出自普林尼的故事，其中讲述了阿佩莱斯在绘画中表现不可见元素的技巧，被誉

第二章　从素描到油画　223

瓢泼大雨冲击下崩坏的石墙，以及造成的巨大波浪和烟尘（约 1515）
黑色铅笔，羽毛笔，两种色调的墨水（黑色和黄色），深色纹理纸，16.2 厘米 ×20.3 厘米
温莎城堡，皇家收藏品，RL 12380

为唯一能再现 Astrapen、Bronten 及 Cerannobolian 的画家，这三个词分别表示闪电、风暴和霹雳。从达·芬奇的作品中可以看出，画家充分理解了普林尼关于呈现无法描绘之物的理论。画家通过连贯的笔触表现出了无形之物，在这幅作品中便是大自然的力量，重现了水和风的动态力量线条。其余的部分对达·芬奇来说便是信手拈来了，在这之前画家本身只是作为旁观者记录下了所发生的事情，且屈服于研究这些事物的不可能性。如同人群和建筑中的动态和活力。达·芬奇笔下滚滚而下的巨石极其生动，甚至连他父亲都大为惊骇，就像《安吉里之战》中战斗最酣时扑面而来的马蹄叩击声和人的叫喊声。这是冲动的大自然，一旦爆发就失去控制的大自然。

附 录

年表

年份	生平大事记
1452	莱奥纳多于4月15日出生于芬奇镇,是芬奇镇公证员瑟·皮耶罗·达·芬奇先生的非婚生子。在阿雷佐的圣方济各教堂,皮耶罗·德拉·弗朗西斯卡开始了《真十字架传奇》系列壁画的创作。
1454	《洛迪和约》为意大利带来了一段时间的政治稳定。
1469	据推测,自这一年起,莱奥纳多开始在韦罗基奥的画室当学徒。
1472	莱奥纳多加入圣卢卡公会。他的早期作品可以追溯至这段时间,包括:节庆活动和马上比武大赛的相关布置,一幅已失传挂毯的草图,一幅日期未确定的油画作品。
1473	《阿尔诺河谷风景》创作时间可以追溯至这一年的8月5日。
1476	莱奥纳多被指控与他人犯鸡奸罪,之后被无罪释放。在米兰,加莱亚佐·马里亚·斯福尔扎被密谋杀害。加莱亚佐·马里亚·斯福尔扎之子吉安·加莱亚佐继位。米兰城由西莫内塔统治。
1478	莱奥纳多受到委托,为旧宫的圣伯纳多礼拜堂创作圣坛装饰画。这一年,他表示自己已创作了两幅圣母油画,其中一幅确定为《伯诺瓦的圣母》。由教宗思道四世发起的帕齐阴谋以失败告终。朱利亚诺·德·美第奇被杀,但加强了其兄"伟大的洛伦佐"的权力。
1480	据阿诺尼莫·加迪亚诺称,莱奥纳多这一时期为洛伦佐·德·美第奇工作。卢多维科·斯福尔扎杀死西莫内塔,将他的侄子关进监狱,以非法手段夺取了米兰领主地位。
1481	莱奥纳多签订《三博士来朝》合约。
1482	莱奥纳多搬去米兰,留下了未完成的《三博士来朝》。
1483	在米兰,莱奥纳多和埃万杰利斯塔、安布罗吉奥·德·普雷迪斯一起签订了《岩间圣母》的合约。 拉斐尔生于乌尔比诺。
1487	莱奥纳多收到米兰大教堂灯室项目的报酬。
1488	韦罗基奥在威尼斯逝世,当时他正在创作科莱奥尼的骑马雕像。布拉曼特在帕维亚为大教堂项目做顾问。

（续表）

年份	生平大事记
1489	莱奥纳多为吉安·加莱亚佐和伊莎贝拉的婚礼庆典设计布景和各种机关。同年，他开始为制作纪念弗朗西斯科·斯福尔扎的巨型骑马雕像做准备。
1490	当时10岁的吉安·贾可蒙·卡坡蒂·达奥伦诺（"沙莱"）成为莱奥纳多的学徒。"沙莱"这一昵称的意思是"魔鬼"，意指他任性的性格。
1492	在卢多维科·斯福尔扎和贝亚特丽切·德斯特的婚礼上，莱奥纳多为西赛亚人和鞑靼人游行设计了礼服。在佛罗伦萨，洛伦佐·德·美第奇逝世。由《洛迪和约》建立的联盟关系面临挑战。
1494	维杰瓦诺附近的公爵领地开始被开垦。与卢多维科·斯福尔扎结盟的法国国王查理八世来到意大利，宣布对那不勒斯拥有统治权。
1495	莱奥纳多开始创作《最后的晚餐》以及斯福尔扎城堡内房间的装饰。人们称他为公爵的工程师。
1497	米兰公爵催促莱奥纳多尽快完成《最后的晚餐》，这幅作品可能于此年年末完成。
1498	莱奥纳多完成了斯福尔扎城堡全木厅的装饰。波莱奥罗死于罗马，他生前于罗马完成了思道四世和依诺增爵八世的陵墓的创作。米开朗琪罗受委托为圣伯多禄大教堂创作《哀悼基督》雕像。萨沃纳罗拉在佛罗伦萨被处死。
1499	莱奥纳多和卢卡·帕乔利一起离开米兰后，他首先前往瓦普廖拜访弗朗西斯科·梅尔齐，然后前往威尼斯，途经曼图亚。在曼图亚，他为伊莎贝拉·迪·埃斯特创作了两幅肖像画。 路加·西诺雷利开始为奥尔维的圣布里奇奥礼拜堂创作壁画。法国国王路易十二攻占米兰。
1500	莱奥纳多于3月抵达威尼斯。他回到佛罗伦萨，并住在圣母忠仆会的圣母领报大教堂。 在佛罗伦萨，皮耶罗·迪·科西莫创作了油画《原始人的故事》。
1502	莱奥纳多成为切萨雷·博吉亚的建筑师和总工程师，并在罗马涅的军事行动中随营侍奉。在罗马，布拉曼特开始了圣伯多禄大教堂和观景庭院的工程。
1503	莱奥纳多回到佛罗伦萨，据瓦萨里记载，他在那里开始了《蒙娜丽莎》的创作。他在比萨被围困期间规划了阿尔诺河改道工程。佛罗伦萨执政团委托他创作油画《安吉里之战》。

(续表)

年份	生平大事记
1504	莱奥纳多继续《安吉里之战》的创作并被提名为委员会成员。确定米开朗琪罗之作《大卫》的位置事宜。开始最早的《勒达》创作。 米开朗琪罗提前三年完成了佛罗伦萨共和国委托的《大卫》雕像的创作。拉斐尔创作了油画《圣母的婚礼》。之后拉斐尔移居佛罗伦萨，并深受莱奥纳多作品的影响。
1506	莱奥纳多离开佛罗伦萨，前往米兰，并计划三个月内返回，结果在米兰停留的时间远比预期的要久。
1508	莱奥纳多在佛罗伦萨住了一段时间，然后又回到米兰。 在罗马，米开朗琪罗承接了西斯廷教堂的天花板壁画任务。 在威尼斯，乔尔乔内和提香为德意志商人的仓库创作壁画。
1509	伦巴第河谷地质研究。莱奥纳多为统治米兰的法国军事指挥官昂布瓦斯的查尔斯创作，并为他设计了水利系统。在康布雷同盟对抗威尼斯共和国之前，法国国王路易十二赢得了阿尼亚德洛之战，凯旋后参加米兰的庆祝活动，并由莱奥纳多负责安排布置，贝尔纳迪诺·阿尔鲁诺在他的《美丽的威尼斯》中有所记述。2006年出版的一份文献中提到，为这次庆祝活动设计的道具包括一座机器狮子的初步模型。拉斐尔在罗马开始了梵蒂冈宫著名的拉斐尔房间的设计创作。
1510	在帕维亚大学莱奥纳多和托尔医生一起进行解剖学研究。手稿G中，有几幅水利设备素描，是由来自多莫多索拉的一名工匠在佛罗伦萨为伯纳多·鲁切拉伊建造的，威尼斯的一份手抄本中也有伯纳多·迪·洛伦佐·德拉·佛帕亚为其所作的插图。
1512	米开朗琪罗完成了西斯廷教堂的穹顶壁画。斯福尔扎家族重返米兰。
1513	莱奥纳多离开米兰来到罗马，并住在梵蒂冈的贝尔维第宫，朱利亚诺·德·美第奇是他的保护人。他在罗马城居住了三年，期间进行数学及科学研究。教宗儒略二世去世。乔凡尼·洛伦佐·德·美第奇继位教宗，即利奥十世。在佛罗伦萨，安德烈亚·德尔·萨尔托开始了《圣母故事》系列壁画的创作。在米兰，切萨雷·达·塞斯托在他创作的《基督受洗》中结合了达·芬奇和拉斐尔的艺术风格。
1514	莱奥纳多承接排干庞廷沼泽和建设奇维塔韦基亚港口的工程。布拉曼特在罗马去世，拉斐尔接替他成为圣伯多禄大教堂的建筑师。
1515	弗朗索瓦一世成为法国国王。马里尼亚诺之战后法国再次征服米兰。拉斐尔着手创作西斯廷教堂挂毯的草图。

（续表）

年份	生平大事记
1516	哈布斯堡家族的查理成为西班牙国王。
1517	莱奥纳多来到昂布瓦斯，进入法国国王弗朗索瓦一世的宫廷。一月中旬他和法国国王一起拜访了罗莫朗坦，计划建造一座新的皇宫，并为索洛涅地区规划运河系统。为庆祝活动而作的模拟围攻堡垒的战争机器素描及半月形几何研究手稿。 在罗马，拉斐尔及其画室合作者为梵蒂冈廊厅和法尔内西纳别墅的丘比特与普赛克凉廊进行创作。
1518	莱奥纳多参加了法国皇太子的受洗仪式，以及洛伦佐·德·美第奇和国王的一位外甥女的婚礼庆典。
1519	莱奥纳多在4月23日立下遗嘱。遗嘱的执行人是他的好友、画家弗朗西斯科·梅尔齐。莱奥纳多于5月2日去世。入殓证明——可追溯到8月12日——将他描述为"一位高贵的米兰人，侍奉国王的首席画家，工程师及建筑师，国家的机械工程师"。 哈布斯堡家族的查理五世成为神圣罗马帝国的皇帝，开始了法国和其他帝国之间的战争。在帕尔马，科雷乔创作了圣保罗修道院的院长室的壁画。

参考文献

A. Leonardo's Manuscripts and Other Works

Atlantic Code
Il Codice Atlantico della Biblioteca Ambrosiana di Milano, facsimile ed., transcription of Augusto Marinoni, Firenze, 2000, 3 vols.

Arundel Code
Il Codice Arundel 263 nella British Library, facsimile ed., transcription of Carlo Vecce, edited by Carlo Pedretti, Firenze, 1998, 2 vols.

Book of Painting
Libro di Pittura, Codice Urbinate lat. 1270 nella Biblioteca Apostolica Vaticana, facsimile ed., transcription of Carlo Vecce, edited by Carlo Pedretti, Firenze, 1995, 2 vols.

Forster Codes I, II, III
I Codici Forster del Victoria and Albert Museum di Londra, facsimile ed., transcription of Augusto Marinoni, Firenze, 1992, 3 vols.

Huygens Code
Erwin Panofsky, *The Codex Huygens and Leonardo da Vinci's Art Theory; the Pierpont Morgan Library, Codex M.A.1139*, (Studies of the Warburg Institute 13), London, 1940.

Leicester Code
The Codex Hammer of Leonardo da Vinci, translated and edited by Carlo Pedretti, Firenze, 1987.

Madrid Codes I, II
The Madrid Codices, facsimile, edited by Ladislao Reti, New York, 1974, 5 vols.

Manuscripts A-M
I manoscritti dell'Institut de France, facsimile ed., transcription of Augusto Marinoni, Firenze, 1986-1990, 12 vols.

B. Books and Essays Cited in the Text

Alberti 1568
Leon Battista Alberti, *Della Pittura, in Opuscoli morali: ne' quali si contengono molti ammaestramenti, necessarij al viver de l'huomo, così posto in dignità, come privato, tradotti, & parte correti da M. Cosimo Bartoli*, Venetia, 1568, pp. 307-357.

Allison 1974
Ann H. Allison, *Antique Sources of Leonardo's Leda*, in "The Art Bulletin", LVI (1974), pp. 375-384.

Amboise 2010
Léonard de Vinci & la France, exhibition catalogue (Amboise, Château du Clos Lucé-Parc Leonardo da Vinci, June 24 2009 – January 31 2010), edited by Carlo Pedretti, Campi Bisenzio, 2009. English edition with additional texts: *Leonardo da Vinci & la France*, edited by Carlo Pedretti, Poggio a Caiano, 2010.

Ames-Lewis 1989
Francis Ames-Lewis, *Leonardo da Vinci's «Kneeling Leda»: the Evolution of an Expressive Figure-Composition*, in "Drawing", IV (1989), pp. 73-76.

Ancona 2005
Urbino e il Libro di Pittura di Leonardo, in Leonardo: genio e visione in terra marchigiana, exhibition catalogue (Ancona, Mole Vanvitelliana, 15 October – January 8 2006), edited by Carlo Pedretti, Foligno, 2005.

Angiolillo 1979
Marialuisa Angiolillo, *Leonardo: feste e teatri*, with a Preface by Carlo Pedretti, Napoli, 1979.

Arezzo 2002
Leonardo da Vinci. Il foglio del teatro, exhibition catalogue (Arezzo, Palazzo del Comune, June 1 – September 30 2002), edited by Carlo Starnazzi, Contributions by Carlo Pedretti and Rocco Sinisgalli, Arezzo, 2002.

Atlanta-Los Angeles 2009
Leonardo da Vinci and the Art of Sculpture, exhibition catalogue (Atlanta, High Museum of Art, October 6 2009 – February 21 2010; Los Angeles, J. Paul Getty Museum, March 23 – June 20 2010), edited by Gary M. Radke, New Haven, 2009.

Beltrami 1919
Luca Beltrami, *Documenti e memorie riguardanti la vita e le opere di Leonardo da Vinci: in ordine cronologico*, Milano, 1919.

Berenson 1903
Bernard Berenson, *The Drawings of the Florentine Painters: Classified, Criticised and Studied as Documents in the History and Appreciation of Tuscan Art: with a Copious Catalogue Raisonné*, London, 1903, 2 vols.

Berenson 1938
Bernard Berenson, *The Drawings of the Florentine Painters*, revised and extended edition by the author, Chicago, 1938, 3 vols.

Berenson 1961
Bernard Berenson, *I disegni dei pittori fiorentini*, in collaboration with Nicky Mariano and Luisa Vertova Nicolson, Italian translation edited by Dott. Luisa Vertova Nicolson, Milano, 1961, 3 vols.

Binyon 1898
Laurence Binyon, *Catalogue of Drawings by British Artists, and Artists of Foreign Origin Working in Great Britain*, London, 1898, 4 vols.

Bossi 1810
Giuseppe Bossi, *Del Cenacolo di Leonardo da Vinci, libri quattro*, Milano, 1810.

Brunetti 1952
Giulia Brunetti in Firenze 1952, p. 27.

Calvi G. 1925
Gerolamo Calvi, *I manoscritti di Leonardo da Vinci: dal punto di vista cronologico, storico e bibliografico*, Bologna, 1925.

Calvi G. 1930
Girolamo Calvi, *Vecchie e nuove riserve sull'Annunciazione di Monte oliveto*, in "Raccolta Vinciana", XIV (1930), pp. 201-239.

Calvi I. 1943
Ignazio Calvi, *L'architettura militare di Leonardo da Vinci*, Milano, 1943.

Camaiore 1998
Leonardo e la pulzella di Camaiore, exhibition catalogue (Camaiore, Museo di arte Sacra, September 20 1998 – January 10 1999), edited by Carlo Pedretti, Firenze, 1998.

Ciardi 1973-1974
Gian Paolo Lomazzo, *Scritti sulle arti*, edited by Roberto Paolo Ciardi, Firenze, 1973-1974, 2 vols.

Chastel 1963
André Chastel, *Italian Art*, London, 1963.

Clark 1935
Kenneth Clark, *A Catalogue of the Drawings of Leonardo da Vinci in the Collection of His Majesty the King at Windsor Castle*, Cambridge, 1935, 2 vols.

Clark 1952
Kenneth Clark, *Leonardo da Vinci: an Account of his Development As an Artist*, Cambridge, 1952.

Clark-Pedretti 1968-1969
The Drawings of Leonardo da Vinci in the Collection of Her Majesty the Queen at Windsor Castle, edited by Kenneth Clark, in collaboration with Carlo Pedretti, London-New York, 1968-1969.

Cole 1995
Leonardo da Vinci's Sforza Monument Horse: the Art and the Engineering, Proceedings of the Conference (Easton, Lafayette College; Fogelsville, Dent Projet Studio, April 18-19 1991), edited by Diane Cole, London, 1995.

Colenbrander 1992
Herman T. Colenbrander, *Hands in Leonardo Portraiture*, in "Achademia Leonardi Vinci", V (1992), pp. 37-43.

Commissione Vinciana 1928-1952
I manoscritti e i disegni di Leonardo da Vinci, published by the Reale Commissione Vinciana, under the auspices of the Ministero dell'Educazione Nazionale, edited and with an Introduction by Adolfo Venturi, Roma, 1928-1952.

De Rinaldis 1926
Aldo De Rinaldis, *Storia dell'opera pittorica di Leonardo da Vinci*, Bologna, 1926.

Emboden 1987
William A. Emboden, *Leonardo da Vinci on Plants and Gardens*, with a Preface by Carlo Pedretti, Portland, 1987.

Emboden 1988
William A. Emboden, *The Spirit of Growth*, in "Achademia Leonardi Vinci", edited by Carlo Pedretti, I (1988), pp. 70-75.

Firenze 1952
Mostra dei disegni manoscritti e documenti, exhibition catalogue (Firenze, Biblioteca Medicea Laurenziana, April 15 – October 31 1952), edited by Giulia Brunetti, Teresa Lodi, Francesca Morandini, Firenze, 1952.

Firenze 1984
I cavalli di Leonardo: studi sul cavallo e altri animali di Leonardo da Vinci dalla Biblioteca reale nel Castello di Windsor, exhibition catalogue (Firenze, Palazzo Vecchio, May 19 – September 30 1984), edited by Carlo Pedretti, with a Preface by HRH Duke of Edinburgh, with an Introduction by Jane Roberts, Preface by Giorgio Morales, Firenze, 1984.

Firenze 2005
Leonardo da Vinci: la vera immagine: documenti e testimonianze sulla vita e sull'opera, exhibition catalogue (Firenze, Archivio di Stato, October 19 2005 – January 28 2006), edited by Vanna Arrighi, Anna Bellinazzi, Edoardo Villata, Firenze, 2005.

Firenze 2006a
La mente di Leonardo: nel laboratorio del genio universale, exhibition catalogue (Firenze, Galleria degli Uffizi, March 28 2006 – January 7 2007), edited by Paolo Galluzzi, Firenze, 2006.

Firenze 2006b
La mente di Leonardo. Al tempo della Battaglia di Anghiari, exhibition catalogue (Firenze, Gabinetto Disegni e Stampe degli Uffizi, October 3 2006 – January 7 2007), edited by Carlo Pedretti, Firenze, 2006.

Firenze 2010
Figure, memorie, spazio: disegni da Fra' Angelico a Leonardo, exhibition catalogue (London, British Museum, April 22 – July 25 2010; Firenze, March 8 – June 12 2011, Galleria degli Uffizi, Gabinetto Disegni e Stampe degli Uffizi, Sala delle Reali Poste), edited by Hugo Chapman and Marzia Faietti, Firenze, 2010.

Friendländer 1947
Max J. Friendländer, *Quentin Massys as a Painter of Genre Pictures*, in "The Burlington Magazine", LXXXIX (1947), pp. 115-119.

Fumagalli 1952
Giuseppina Fumagalli, *Eros di Leonardo*, Milano, 1952.

Gombrich 1982
Ernst H. Gombrich, *The Trattato della Pittura, Some Questions and Desiderata*, in *Leonardo e l'Età della Ragione*, edited by Enrico Bevilacqua and Paolo Rossi, Milano, 1982.

Griseri 1980
Andreina Griseri, *Il Disegno*, in *Storia dell'arte italiana*, Torino, 1980, vol. I, pp. 187-283.

Hatfield 2007
Rab Hatfield, *Finding Leonardo: the Case for Recovering the Battle of Anghiari*, Prato, 2007.

Hogarth 1753
William Hogarth, *The Analysis of Beauty*, London, 1753.

Keele-Pedretti 1980-1985
Leonardo da Vinci, Corpus degli studi anatomici nella collezione di Sua Maestà la regina Elisabetta II nel Castello di Windsor, edited by Kenneth D. Keele and Carlo Pedretti, Firenze, 1980-1985, 3 vols.

Kemp 1981
Martin Kemp, *Leonardo da Vinci: the Marvellous Works of Nature and Man*, London, 1981.

Kemp-Barone 2010
I disegni di Leonardo da Vinci e della sua cerchia nelle collezioni della Gran Bretagna, sorted and presented by Martin Kemp, catalogue edited by Juliana Barone, Firenze, 2010.

Koschatzky-Oberhuber-Knab 1972
I grandi disegni italiani dell'Albertina di Vienna, edited by Walter Koschatzky, Konrad Oberhuber, Eckhart Knab, Milano, 1972.

Kwakkelstein 1993
Michael W. Kwakkelstein, *The Lost Book on 'Moti Mentali'*, in "Achademia Leonardi Vinci", VI (1993), pp. 56-66.

Kwakkelstein 1994
Michael W. Kwakkelstein, *Leonardo da Vinci as a Physiognomist: Theory and Drawing Practice*, Leiden, 1994.

Laurenza 2003
Domenico Laurenza, *La ricerca dell'armonia: rappresentazioni anatomiche nel Rinascimento*, Firenze, 2003.

Laurenza 2009
Domenico Laurenza, *Leonardo: l'anatomia*, Firenze, 2009.

London 1996
Leonardo da Vinci: One Hundred Drawings from the Collection of Her Majesty the Queen, exhibition catalogue (London, Queen's Gallery, Buckingam Palace, March 1 1996 – January 12 1997), edited by Martin Clayton, London, 1996.

London 2011
Leonardo da Vinci. Painter at the Court of Milan, exhibition catalogue (London, the National Gallery, November 9 2011 – February 5 2012), edited by Luke Syson et alii, New Haven, 2011.

London –Edinburgh 2002
Leonardo da Vinci: the Divine and the Grotesque, exhibition catalogue (Edinburgh, the Queen's Gallery, November 30 2002 – March 30 2003; London, the Queen's Gallery, Buckingham Palace, May 9 – November 9 2003), edited by Martin Clayton, London, 2002.

Marani 1984
Pietro C. Marani, *L'architettura fortificata negli studi di Leonardo da Vinci con il catalogo completo dei disegni*, with a Preface by Giuseppe Marchini, Firenze, 1984, n. 47, pp. 140-142.

Marani 1987
Pietro C. Marani, *Leonardo e Francesco di Giorgio: architettura militare e territorio*, in "Raccolta Vinciana", XXII (1987), pp. 71-93.

Marani 1995
Pietro C. Marani, *The 'Hammer Lecture' (1994): Tivoli, Hadrian and Antinoüs. New Evidence of Leonardo's Relation to the Antique*, in "Achademia Leonardi Vinci", VIII (1995), pp. 207-225.

Marani 1996
Pietro C. Marani, *La Madonna del gatto di Leonardo in un dipinto della Pinacoteca di Brera: nuove indagini e restauri*, with a Preface by Pietro Petranoia, Milano, 1996.

Marani 1999
Pietro C. Marani, *Leonardo: una carriera di pittore*, Milano, 1999.

Marani 2003
Pietro C. Marani, *Leonardo's Drawings* in *Milan and Their Influence on the Graphic Work of Milanese Artists*, in New York 2003, pp. 155-190.

Marani 2008
I disegni di Leonardo da Vinci e della sua cerchia nelle collezioni pubbliche in Francia, sorted and presented by Pietro C. Marani, Firenze, 2008.

Marani 2009a
Pietro C. Marani, *L'Uomo vitruviano come canone per una scultura perfetta?*, in Venezia 2009, pp. 99-109.

Marani 2009b
Pietro C. Marani, *Leonardo, The Vitruvian Man, and the De Statua Treatise*, in Atlanta-Los Angeles 2009, pp. 83-94.

Marani 2012
Pietro C. Marani, *L'Uomo vitruviano come paradigma per una scultura perfetta*, in Salvi 2012a, pp. 61-74.

Marinoni 1974
Leonardo da Vinci. Scritti letterari, edited by Augusto Marinoni, Milano, 1974, pp. 239-257.

Mazzocchi Doglio 1983
Mariangela Mazzocchi Doglio, *Leonardo 'apparatore' di spettacoli a Milano per la corte degli Sforza*, in Milano 1983, pp. 41-76.

McCurdy 1904
Edward McCurdy, *Leonardo da Vinci*, London, 1904.

Milanesi [1906] 1981
Gaetano Milanesi, *Le opere di Giorgio Vasari: con nuove annotazioni e commenti*, with a Preface by Paola Barocchi, Firenze, 1981, 9 vols.

Milano 1982
Leonardo da Vinci: studi di natura dalla Biblioteca reale nel Castello di Windsor, exhibition catalogue (Milano, Castello Sforzesco, May 26 – October 17 1982), edited by Carlo Pedretti, with an Introduction by Kenneth Clark, texts translated by Carlo Pedretti, Firenze, 1982.

Milano 1983
Leonardo e gli spettacoli del suo tempo, exhibition catalogue (Milano, rotonda di via Besana, July 2 – October 16 1983), edited by Mariangela Mazzocchi Doglio, Giampiero Tintori, Maurizio Padovan, Marco Tiella, with an Introduction by Augusto Marinoni, Milano, 1983.

Milano 1987
Disegni e dipinti leonardeschi dalle collezioni milanesi, exhibition catalogue (Milano, Palazzo Reale, November 27 1987 – January 31 1988), edited by Giulio Bora, Luisa Cogliati Arano, Maria Teresa Fiorio, Pietro C. Marani, Milano, 1987.

Milano 2007
Leonardo: dagli studi di proporzioni al Trattato della pittura, exhibition catalogue (Milano, Sala delle Asse of the Castello Sforzesco, December 7 2007 – March 2 2008), edited by Pietro C. Marani, Maria Teresa Fiorio, Milano, 2007.

Milano 2009
Fortezze bastioni e cannoni. Disegni di Leonardo dal Codice Atlantico, exhibition catalogue (Milano, Bramante Sacristy at the Monumental Complex of the Grazie and Biblioteca Ambrosiana, September 10 – December 2 2009), edited by Pietro C. Marani, Milano, 2009.

Möller 1926
Emil Möller, *Leonardo's "Madonna with the Yarn Winder"*, in "The Burlington Magazine for connoisseurs", CCLXXXI (1926), pp. 61-68.

Möller 1930-1934
Emil Möller, *Leonardo e il Verrocchio. Quattro rilievi di capitani antichi lavorati per re Mattia Corvino*, in "Raccolta Vinciana", XIV (1930-1934), pp. 3-38.

Möller 1954
Emil Möller, *La Gentildonna dalle Belle Mani di Leonardo da Vinci*, with a Letter by Editor Carlo Pedretti, Bologna, 1954.

Müller-Walde 1889
Paul Müller-Walde, *Leonardo da Vinci: Lebensskizze und Forschungen über sein Verhältnis zur Florentiner Kunst und zu Rafael*, München, 1889.

Müntz 1898
Eugène Müntz, *Leonardo da Vinci: Artist, Thinker and Man of Science*, London-New York, 1898, 2 vols.

Müntz 1899
Eugène Müntz, *Léonard de Vinci: l'artiste, le penseur, le savant*, Paris, 1899.

Nanni 2001
Romano Nanni, *In margine alla mostra di Vinci «Leonardo e il mito di Leda»: postilla sull'iconografia del cigno*, in "Miscellanea Storica della Valdelsa" CCVII (2001), pp. 149-155.

Nanni 2007
Romano Nanni, *Leda dei Moderni*, in "Raccolta Vinciana", XXXII (2007), pp. 283-305.

Nanni-Monaco 2007
Romano Nanni, Maria Chiara Monaco, *Leda: storia di un mito dalle origini a Leonardo*, Firenze, 2007.

Nelson 2007
Jonathan K. Nelson, *Leonardo e la reinvenzione della figura femminile: Leda, Lisa e Maria*, XLVI Lettura Vinciana (Vinci, Biblioteca Leonardiana, April 22 2006), Firenze, 2007, p. 15.

New York 2003
Leonardo da Vinci Master Draftsman, exhibition catalogue (New York, Metropolitan Museum of Art, January 22 – March 30 2003), edited by Carmen C. Bambach, New York, 2003.

Paris 2003
Léonard de Vinci: dessins et manuscrits, exhibition catalogue (Paris, Musée du Louvre, May 5 – July 14 2003), edited by Françoise Viatte and Varena Forcione, Paris, 2003.

Paris 2012
La Sainte Anne. L'ultime chef-d'œuvre de Léonard de Vinci, exhibition catalogue (Paris, Musée du Louvre, March 29 – June 25 2012), edited by Vincent Delieuvin, Paris, 2012.

Pedretti 1953
Documenti e memorie riguardanti Leonardo da Vinci a Bologna e in Emilia, edited by Carlo Pedretti, Bologna, 1953.

Pedretti 1957a
Carlo Pedretti, *I fogli di Venezia e di Torino*, in Studi vinciani: documenti, analisi e inediti leonardeschi, in the Appendix: Saggio di una cronologia dei fogli del Codice, Genève, 1957, pp. 203-210.

Pedretti 1957b
Carlo Pedretti, *Leonardo da Vinci: Fragments at Windsor Castle from the Codex Atlanticus*, London, 1957.

Pedretti 1957c
Carlo Pedretti, *Ricordi di Gio. Paolo Lomazzo. A. Le allegorie di Oxford*, in *Studi vinciani: documenti, analisi e inediti leonardeschi*, in the Appendix: Saggio di una cronologia dei foglidel Codice Atlantico, Genève, 1957, pp. 54-61.

Pedretti 1960
Carlo Pedretti, *Un frammento inedito di lettera al rovescio di un disegno di Leonardo*, in "Raccolta Vinciana", XVIII (1960), pp. 166-167.

Pedretti 1969a
Carlo Pedretti, *Leonardo at Lyon*, in "Raccolta Vinciana", XIX (1969), pp. 267-272.

Pedretti 1969b
Carlo Pedretti, *The Pointing Lady*, in "The Burlington Magazine", CXI (1969), pp. 338-346.

Pedretti 1970
Carlo Pedretti, *Leonardo da Vinci: Manuscripts and Drawings of the French Period, 1517-1518*, in "Gazette des Beaux Arts", CXII (1970), pp. 285-318.

Pedretti 1972
I disegni di Leonardo da Vinci e della sua cerchia nella Biblioteca Reale di Torino ordinati e presentati da Carlo Pedretti con la riproduzione integrale dell'opera inedita Disegni di Architettura Militare di Leonardo da Vinci (Ms. Saluzzo 312), Firenze, 1972.

Pedretti 1977
The Literary Works of Leonardo da Vinci, compiled from the original manuscripts by Paul Richter, annotated by Carlo Pedretti, Los Angeles, 1977, 2 vols.

Pedretti 1978
Carlo Pedretti, *Leonardo architetto*, Milano, 1978.

Pedretti 1979
Carlo Pedretti, *Ancora sul rapporto Giorgione-Leonardo e l'origine del rapporto del ritratto di spalla, in Giorgione*, Proceedings of the International Conference

Celebrating Five Hundred Years since his Birth (Castelfranco Veneto, May 29 – 31 1978), edited by the Banca Popolare di Asolo e Montebelluna, Castelfranco Veneto, 1979, pp. 181-185.

Pedretti 1979c
Carlo Pedretti, *The Codex Atlanticus of Leonardo da Vinci: A Catalogue of its Newly Restored Sheets*, New York, 1978-1979, 2 vols.

Pedretti 1982
Carlo Pedretti, *Leonardo. A Study in Chronology and Style*, London-New York, 1982.

Pedretti 1982-1987
The Drawings and Miscellaneous Papers of Leonardo da Vinci in the Collection of Her Majesty The Queen at Windsor Castle, edited by Carlo Pedretti, London and New York, 1987, 2 vols.

Pedretti 1988a
Carlo Pedretti, *Leonardo da Vinci architetto militare prima di Gradisca*, in *L'architettura militare veneta del Cinquecento*, Milano, 1988, pp. 76-81.

Pedretti 1988b
Carlo Pedretti, *Mermaid*, in "Achademia Leonardi Vinci", I (1988), n. 8, pp. 128-129.

Pedretti 1988c
Carlo Pedretti, *Ms. Saluzzo 312: disegni di architettura militare di Leonardo da Vinci*, in "Achademia Leonardi Vinci", I (1988), pp. 107-117.

Pedretti 1988d
Carlo Pedretti, *Quae sunt Caesaris...*, in "Achademia Leonardi Vinci", I (1988), pp. 121-122.

Pedretti 1988e
Carlo Pedretti, *The Tulip Watermark*, in "Achademia Leonardi Vinci", I (1988), p. 128.

Pedretti 1988f
Carlo Pedretti, *Windsor Landscapes and Horses: Addenda and Corrigenda*, in "Achademia Leonardi Vinci", I (1988), pp. 122-126.

Pedretti 1988g
Carlo Pedretti, *Leonardo at the Morgan Library*, in "Achademia Leonardi Vinci", I (1988), pp. 142-144

Pedretti 1989a
Carlo Pedretti, *A Proem to Sculpture*, in "Achademia Leonardi Vinci", II (1989), pp. 11-39.

Pedretti 1989b
Carlo Pedretti, *Leonardo at the Städel Museum*, in "Achademia Leonardi Vinci", II (1989), pp. 166-167.

Pedretti 1990a
I disegni di Leonardo e della sua cerchia nella Biblioteca Reale di Torino, sorted and analysed by Carlo Pedretti, with the unabridged reproduction of the unpublished work 'Disegni d'architettura militare di Leonardo da Vinci' (Ms. Saluzzo 312), Firenze, 1990.

Pedretti 1990b
Carlo Pedretti, *Paul Valery on Leonardo's Draperies*, in "Achademia Leonardi Vinci", III (1990), pp. 168-169.

Pedretti 1990c
Carlo Pedretti, *The Final Shot*, in "Achademia Leonardi Vinci", III (1990), pp. 11-38.

Pedretti 1991a
Carlo Pedretti, *Il tema del profilo, o quasi*, in *I leonardeschi a Milano: fortuna e collezionismo*, Proceedings of the International Conference (Milano, Palazzo delle Stelline, September 25-26 1990), edited by Maria Teresa Fiorio, Pietro C. Marani, Milano, 1991, pp. 14-24.

Pedretti 1991b
Carlo Pedretti, *Leonardo & Dante*, in "Achademia Leonardi Vinci", IV (1991), pp. 204-210.

Pedretti 1992a
Carlo Pedretti, *Il concetto di bellezza e utilità in Sant'Agostino e Leonardo*, in "Achademia Leonardi Vinci", V, 1992, pp. 107-112.

Pedretti 1992b
Carlo Pedretti, *Leonardo: il disegno*, (appended to "Art e Dossier", LXVII (April 1992), Firenze, 1992.

Pedretti 1995a
Carlo Pedretti, *The Sforza Horse in Context*, in Cole 1995, pp. 27-29.

Pedretti 1995b
Carlo Pedretti, *The Swedish Courier*, in "Achademia Leonardi Vinci", VIII (1995), pp. 239-245.

Pedretti 1996
Carlo Pedretti, *Quella puttana di Leonardo*, in "Achademia Leonardi Vinci", IX (1996), pp. 121-135.

Pedretti 1997a
Carlo Pedretti, *Il disegno di Oporto*, in "Raccolta Vinciana", XXVII (1997), pp. 3-11.

Pedretti 1997b
Carlo Pedretti, *Leonardo a Urbino e il Libro di Pittura*, in "Achademia Leonardi Vinci", X (1997), pp. 76-88.

Pedretti 1998a
Carlo Pedretti, *Il bagnetto di Leonardo*, in "Il Sole 24 ore", X (January 11 1998), p. 25.

Pedretti 1998b
Carlo Pedretti, Introduzione, in Camaiore 1998, pp. 19-21.

Pedretti 2001
Carlo Pedretti, *La Leda di Leonardo messa in ginocchio da un restauro*, in "Corriere della Sera", a. 126 (Saturday, August 25 2001), p. 29.

Pedretti 2004
Carlo Pedretti, *I «granchi» di Leonardo: un «ghiribizzo» giovanile*, in "L'Osservatore Romano", CCLXXXIII (December 8 2004), p. 9.

Pedretti 2005a
Carlo Pedretti, *L'anatomia della "bellezza umana"*, in Pedretti-Salvi-Laurenza 2005, pp. 6-7;

Pedretti 2005b
Carlo Pedretti, *Urbino e il Libro di Pittura di Leonardo*, in Ancona 2005, pp. 77-89.

Pedretti 2006a
Carlo Pedretti, *1505-1515: dalla pianta centrale allo spazio sferico*, in Firenze 2006b, pp. 37-47.

Pedretti 2006b
Carlo Pedretti, *Leonardo, 1505 e dopo*, in Firenze 2006b, pp. 22-35.

Pedretti 2007a
Carlo Pedretti, *Drawings Ruined in Restoration*, in "Achademia Leonardi Vinci", X (1997), pp. 258-259, figs. 1-10.

Pedretti 2007b
Carlo Pedretti, *La "linea circonferenziale" generatrice della "bellezza umana"*, in *Il tempio dell'anima. L'anatomia di Leonardo da Vinci fra Mondino e Berengario*, edited by Carlo Pedretti, with an Introductory Essay by Paola Salvi, Foligno, 2007, pp. 209-216.

Pedretti 2008
Carlo Pedretti, *Leonardo & Io*, Milano, 2008.

Pedretti 2010
Carlo Pedretti, *Leonardo da Vinci, l'"Angelo incarnato" & Salai / Leonardo da Vinci, the "Angel in the Flesh" & Salai*, Campi Bisenzio, 2009.

Pedretti 2011a
Leonardo da Vinci, *l'"Angelo incarnato" & Salai / Leonardo da Vinci, the "Angel in the Flesh" & Salai*, edited by Carlo Pedretti, 2011, 2 vols., second extended edition.

Pedretti 2011b
Carlo Pedretti, *Bacco e Venere*, in Pedretti 2011a, pp. 215-236.

Pedretti 2011c
Carlo Pedretti, *L'uomo vitruviano anche donna*, in Pedretti 2011a, pp. 244-285.

Pedretti-Dalli Regoli 1985
I disegni di Leonardo da Vinci e della sua cerchia nel Gabinetto disegni e stampe della Galleria degli Uffizi a Firenze, sorted and analysed by Carlo Pedretti, Catalogue by Gigetta Dalli Regoli, Firenze, 1985.

Pedretti-Taglialagamba 2013
I cento disegni più belli dalle raccolte di tutto il mondo, selected and presented by Carlo Pedretti, Catalogue by Sara Taglialagamba, Firenze, 2013.

Pedretti-Nepi Scirè-Perissa Torrini 2003
I disegni di Leonardo da Vinci e della sua cerchia nel Gabinetto dei disegni e stampe delle Gallerie dell'Accademia di Venezia, sorted and analysed by Carlo Pedretti, Catalogue by Giovanna Nepi Scirè and Annalisa Perissa Torrini, Firenze, 2003.

Pedretti-Salvi-Laurenza 2005
Carlo Pedretti, *Domenico Laurenza, Paola Salvi, Leonardo: l'anatomia*, (appended to "Arte Dossier", CCVII (January 2005), Firenze, 2005.

Pedretti-Trutty-Coohill 1993
The Drawings of Leonardo da Vinci and His Circle in America, sorted and analysed by Carlo Pedretti, Catalogue by Patricia Trutty-Coohill, Firenze, 1993.

Perissa Torrini 2012
Annalisa Perissa Torrini, *L'Uomo vitruviano: dalla 'sfortuna' critica alla fama odierna*, in Salvi 2012a, pp. 75-86.

Popham 1946
The Drawings of Leonardo, compiled, introduced and annotated by Arthur E. Popham, London, 1946.

Pouncey 1978
Philip Pouncey, *An Unknown Drawing by Leonardo da Vinci*, in "Apollo", CVIII (1978), p. 405.

Recalcati 1997
Angelo Recalcati, *Le Prealpi Lombarde ritratte da Leonardo*, in "Achademia Leonardi Vinci", X (1997), pp. 125-133.

Dalli Regoli 2010
Gigetta Dalli Regoli, Al centro del disegno. Ricerche ed esperienze in fogli fiorentini del secondo Quattrocento, Pisa, 2010.

Reti 1959
Ladislao Reti, *Non si volta chi a stella è fisso: le «imprese» di Leonardo da Vinci*, Genève, 1959.

Richardson 1722
Jonathan Richardson, *An Account of Some of the Statues, Basreliefs, Drawings and Pictures in Italy*, London, 1722.

Richter 1883
Jean Paul Richter, *The Literary Works of Leonardo da Vinci*, London, 1883, 2 vols.

Roberts-Pedretti 1977
Jane Roberts and Carlo Pedretti, *Drawings by Leonardo da Vinci at Windsor Newly Revealed by Ultra-Violet Light*, in "The Burlington Magazine", CXIX (1977), pp. 396-408.

Roma 2011
Leonardo e Michelangelo: capolavori della grafica e studi romani, exhibition catalogue (Roma, Musei Capitolini, October 27 2011 – February 12 2012), edited by Pietro C. Marani, Pina Ragionieri, Cinisello Balsamo, 2011.

Rosci 1976
Marco Rosci, *Leonardo*, Milano, 1976.

Salvi 2012a
Approfondimenti sull'Uomo vitruviano di Leonardo da Vinci, Proceedings of the Study Days (Milano, Accademia di Belle Arti di Brera, Sala Napoleonica, February 9 2010 and May 4-5 2011), edited by Paola Salvi, Poggio a Caiano, 2012.

Salvi 2012b
Paola Salvi, *L'Uomo vitruviano di Leonardo e il De Statua di Leon Battista Alberti: la misura dell'armonia*, in Salvi 2012a, pp. 21-60.

Schiff 1959
Gert Schiff, *Zeichnungen van Johann Heinrich Füssli*, Zürich, 1959.

Sirén 1911
Osvald Sirén, *Leonardo da Vinci: Hans Lefnadsöden, Bildverk, Personlight och Malarbok*, Stockholm, 1911.

Sirén 1928
Osvald Sirén, *Léonard de Vinci: l'artiste et l'homme*, Paris, 1928.

Solmi 1912
Edmondo Solmi, *La politica di Ludovico il Moro nei simboli di Leonardo da Vinci (1489-1499)*, in *Scritti di varia erudizione e di critica in onore di Rodolfo Renier*, Torino, 1912, pp. 491-508.

Taglialagamba 2007
Sara Taglialagamba, *La rappresentazione del grottesco in Leonardo: ricapitolazione del problema*, in "Raccolta Vinciana", XXXII (2007), pp. 141-196.

Taglialagamba 2011
Sara Taglialagamba, *Leonardo & le scale: un'ipotesi per Poggio a Caiano*, with a Preface by Carlo Pedretti and Sabine Frommel, Poggio a Caiano, 2011.

Valéry 1919
Paul Valéry, *Introduction à la méthode de Léonard de Vinci*, Paris, 1919.

Vasari
See Milanesi [1906] 1973

Venaria Reale 2011
Leonardo: il genio, il mito, exhibition catalogue (Venaria Reale, Scuderie Juvarriane, November 17 2011 – February 19 2012), edited by Carlo Pedretti, Paola Salvi, Clara Vitulo, Pietro C. Marani, Arnaldo Colasanti, Cinisello Balsamo, 2011.

Venezia 2009
Leonardo: l'Uomo vitruviano fra arte e scienza, exhibition catalogue (Venezia, Galleria dell'Accademia, October 10 2009- January 10 2010), edited by Annalisa Perissa Torrini, Venezia, 2009.

Venturi L. 1919
Lionello Venturi, *La critica e l'arte di Leonardo*, Bologna, 1919.

Venturi A. 1920
Adolfo Venturi, *Leonardo da Vinci pittore*, Bologna, 1920.

Venturi A. 1934
See Commissione Vinciana.

Venturi A. 1941
Adolfo Venturi, *Leonardo e la sua scuola*, Novara, 1941.

Viganò 2009
Marino Viganò, *Leonardo a Locarno: documenti per una attribuzione del rivellino del Castello, 1507*, Bellinzona, 2009.

Vinci 1982
Leonardo dopo Milano: la Madonna dei fusi (1501), exhibition catalogue (Vinci, Castello dei Conti Guidi, May 16 – September 30 1982), edited by Alessandro Vezzosi, with a Contribution by Gigetta Dalli Regoli and an Annotation by Paolo Galluzzi, Introduction by Carlo Pedretti, Firenze, 1982.

Vinci 2001
Leonardo e il mito di Leda: modelli, memorie e metamorfosi di un'invenzione, exhibition catalogue (Vinci, Palazzina Uzielli of the Museo Leonardiano, June 23 – September 23 2001), edited by Gigetta Dalli Regoli, Romano Nanni, Antonio Natali, Cinisello Balsamo, 2001.

Uzielli 1896
Gustavo Uzielli, *Ricerche attorno a Leonardo: serie prima, volume primo*, Torino, 1896, second corrected and extended edition.

Wallace 1966
Robert Wallace, *The World of Leonardo, 1452-1519*, New York, 1966.

Wallraf-Richartz-Museum Köln 1986
Wallraf-Richartz-Museum Köln: *Meisterzeichnungen von Leonardo bis zu Rodin: eine Auswahl von Miniaturen, Handzeichnungen und Aquarellen aus der Graphischen Sammlung*, Museen der Stadt Köln, Köln, 1986.

Photo Credits

© 2014.Photo Scala, Florence / BPK. Berlin: pp.98 top below, 100.

© 2014.The National Gallery, London / Scala, Florence, pp.96, 97, 215, 214.

© 2014.The Trustees of the British Museum / Scala, Florence: pp.181, 182.

© Private Collection, Principality of Monaco: p.142.

Courtesy of author: pp.128 below, 106, 109, 179 top, 200 below, 209.

© DeA Picture Library / Archivi Alinari, Florence: pp.11, 21 below right, 58 top right.

© Erich Lessing / Contrasto: p.150.

© RMN / Archivi Alinari, Florence: pp.2, 121, 127, 163.

Royal Collection Trust / © Her Majesty Queen Elizabeth II 2014: pp.8, 18 top below, 17, 20 right, 45 top and below, 25 left, 31, 35, 36, 37, 104, 105, 41, 51, 54, 58 below, 58 top left, 72, 80, 76 top, 78, 77 below right, 77, 92, 85, 198 left, 94, 116 right, 117 right, 134, 133, 135 left, 136, 138 left and right, 149, 143 and 146, 144, 134, 133, 135 left, 136, 138 right and left, 149, 143 and 146, 144, 147, 162 right, 167, 168, 170, 171, 184, 186, 188, 192, 85 and 197, 198, 200 top, 199, 204, 207, 208, 73, 224, 220, 225.

The works conserved at galleries and state museums are reproduced by permission of the Ministero per i Beni e le Attività Culturali. Unless otherwise specified, pictures belong to Giunti historic and iconographic collection.

The publisher declares to be willing to pay a settlement amount in case of picturesthe source of which could not be ascertained.

图书在版编目（CIP）数据

达·芬奇 /（意）卡洛·佩德瑞提，（意）萨拉·坦格里亚拉更巴著；赵兰兰，王星冉译 . — 合肥：安徽美术出版社，2019.7

（艺术家系列）

ISBN 978-7-5398-8841-5

Ⅰ.①达… Ⅱ.①卡… ②萨… ③赵… ④王… Ⅲ.①达·芬奇（Leonardo, da Vinci 1452-1519）—传记 Ⅳ.① K835.465.72

中国版本图书馆 CIP 数据核字（2019）第 031539 号

艺术家系列
达·芬奇　（意）卡洛·佩德瑞提　（意）萨拉·坦格里亚拉更巴 著
YISHUJIA XILIE DA FENQI　赵兰兰　王星冉 译

出 版 人：唐元明
责任编辑：黄　奇　赵启芳　陈　震
特约编辑：盛　利
责任校对：司开江
责任印制：缪振光
出版发行：时代出版传媒股份有限公司
　　　　　安徽美术出版社（http://www.ahmscbs.com）
社　　址：合肥市政务文化新区翡翠路 1118 号出版传媒广场 14 层
邮　　编：230071
营 销 部：0551-63533604（省内）　0551-63533607（省外）
经　　销：全国新华书店
印　　刷：北京天恒嘉业印刷有限公司
版　　次：2019 年 7 月第 1 版
　　　　　2019 年 7 月第 1 次印刷
开　　本：787 mm×1092 mm　1/16
印　　张：15.5
书　　号：ISBN 978-7-5398-8841-5
定　　价：89.00 元

如发现印装质量问题，请与我社营销部联系调换。
版权所有·侵权必究
本社法律顾问：安徽承义律师事务所 孙卫东律师

For the original edition
Original title: "Leonardo. L'arte del disegno" by Carlo Pedretti, Sara Taglialagamba
Copyright © 2014 by Giunti Editore S.p.A., Firenze-Milano
www.giunti.it
The simplified Chinese edition is published in arrangement through NiuNiu Culture.

Chinese language copyright © 2019 by Phoenix-Power Cultural Development Co., Ltd.
All rights reserved.

著作权合同登记号　图字：12181852号